1日たった
15分
10日間で
上達！

高橋フミアキ
文章スクール主宰

一瞬で心をつかむ できる人の文章術

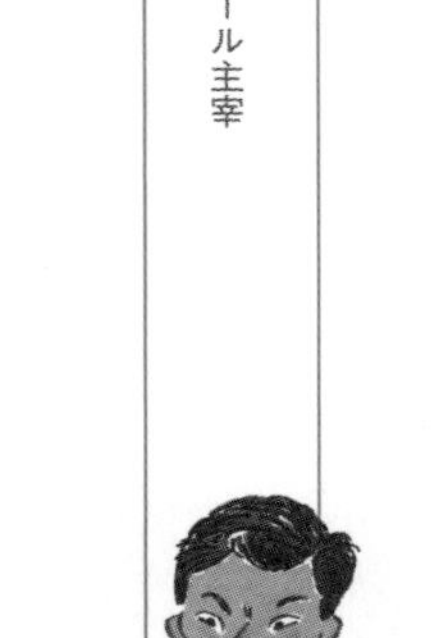

コスモトゥーワン

一瞬で心をつかむ「できる人」の文章術

一瞬で心をつかむ「できる人」の文章術——もくじ

ステップ2　文章力がない人の8つの弱点

ステップ3　騙されるな！　文章の常識9つの落とし穴

ステップ4
1日たった15分、10日続けるだけでスラスラ書けるように

ステップ5　もっといい文章を書くための究極テク

カバーデザイン◆熊澤正人＋尾形忍（パワーハウス）
カバーイラスト◆川村康一
本文イラスト◆和田慧子
編集協力◆㈲インプループ　小山睦男

プロローグ　文章力こそ最大のスキル！

いまあなたはどんなスキルを身につけていますか？

あなたの子どもに何かひとつだけスキルを身につけさせるとしたら、どんなトレーニングをさせますか？

これからの時代は、どんな大学を卒業したかではなく、何ができるかが問われます。立派な学歴をもっていても、仕事ができなければ脱落してしまうのです。資格をもっているだけでは生きていけません。専門知識を手に入れただけでは生き残ることはできないでしょう。

僕の友人にＩＴ企業で働く31歳の男性がいます。彼は文系の大学を卒業してその会社に入社しました。周囲はほとんどが理系の人たちです。彼らはコンピュータ関係の専門知識や最新情報を頻繁にやり取りしています。

ところが彼には入社当初、ＩＴ関係の専門知識はほとんどありませんでした。それよりは中国の故事や哲学書を読むのが好きで、いまでも陽明学や禅に関する本を僕にすすめてくれます。

それでも彼は、会社に入ると周囲に負けないようＩＴ系の本をむさぼり読んだそうです。学んだことを彼はすぐレポートにまとめ文章として残します。もともと文章力のある人でしたので、上司への報告や企画書、クライアントへの提案文などは短時間で書くことができます。苦にならないのです。

周囲の人たちはＩＴ関係の知識はくわしくても、文章力があまりありません。企画書ひとつ満足に書けない人が多いのです。専門書以外の書籍を読む気がないものですから、文章作法や「企画書の書き方」といった本も読もうとしません。結局、1年たっても2年たっても同じ仕事が与えられます。

ところが、僕の友人は次々と新しい仕事を任されるのです。そして、そのつど勉強し自分のものにしていきます。まるで植物のように大地の滋養を根から吸収し、毎日、成長しているようです。

そして彼は31歳で大抜擢を受けます。大きなプロジェクトのリーダーになり、役職は部長クラスです。31歳の若さで１００人以上の部下を指揮する立場になりました。年収も1千万円を軽く越えています。彼は「文章が書けるということがいかに大事かがよくわかった」と言っていました。

僕がもし、神様から「お前の娘にひとつだけスキルを身につけさせてやろう」と言われたら、迷わず「文章力をください！」と言うでしょう。文章力には21世紀を生き抜くすべての能力がそなわっているからです。

混沌としたなかからクリエイティブなアイデアを生み出す力、どんな状況になっても冷静に考え抜く力、相手の気持ちを想像する力、自分自身を客観視する力、自分の考えを伝える力、人生に価値を見出す力などです。文章を書くことでそうした力が身につきます。それは多くの著述家たちが実感していることです。

それだけではありません。インターネットが普及したおかげで、文章力の必要性はますます大きくなりました。メールマガジンの発行やメールの送受信、ホームページやブログなど、インターネットの世界はすべて文章が必要です。仕事の報告をメールで送ることを義務づけている会社もあります。

文章スクールを主宰していると、文章を書くことに不安や悩みをかかえている人があまりに多いことに驚かされます。文章でうまく表現できず自分の評価を下げたり誤解されたり、相手を傷つけていたりと、結構つらい体験をしているといったことが多いのです。もっと文章がスラスラ書けたらと思うのに言葉が出てこない、言いたいことがあるのに文章にするとうまく伝わらないという相談もよく受けます。

振り返ってみると成人するまでに小学・中学・高校と国語や作文の授業はあったはずです。ところが、ほとんどの場合、文章の書き方は学んでいません。僕は中学生の娘に文章の書き方を教えますが、学校で重要視されていないこともあってまじめに学ぼうとはしないのです。それが残念でなりません。学校では、もっとも重要なスキルを教えてくれないようです。

小説家を志望していた僕は、文章力を身につけるために師匠から何年も叱られ続けました。真夜中に呼び出されて怒鳴られたこともあります。文章スクールを主宰するようになってからは、どんな人でも文章力を身につけられる方法を模索してきました。そのなかで生まれたのが「1日15分トレーニング」です。

僕が塾の講師をしていたころ、1行も書けないほど文章が苦手だったひとりの小学生に文章指導をしたことがあります。この子は算数も理科も苦手でしたが、それは何より文章が苦手なことが原因でした。それで、1日わずか15分ですが、文章のトレーニングを試みたのです。

その効果は僕も驚くほどで、じつにスラスラと文章が書けるようになり、国語だけでなく算数や理科の成績もぐんぐん伸びていきました。

この体験が文章スクールを主宰するようになってからも生かされました。受講者には大人になってもうまく文章が書けず苦労している人がとても多いのです。そこで僕は、以前、小学生で効果のあった1日15分トレーニングを大人も実践できるように構成し直して、受講者に試してもらいました。反応は予想どおりです。「文章を書くコツがわかった」「人の心に伝わる文章を書けるようになった」「文章を書くのがとても楽しくなった」、そして「文章を書くことに自信をもてた」と言ってくれます。

くわしくは本文で紹介していきますが、このトレーニングの柱は「ストーリー仕立てで書くテクニック」と「マインドマップを描く」ことです。

本書を読んでいただければ、僕の娘のような中学生から、すでに社会で活躍している大人まで、それこそ〝一瞬で心をつかむような文章の書き方〟を身につけるお手伝いができると思います。もはや文章でつらい思いをする必要もなくなるでしょう。

さあ、次のページを開いてください。あなたの人生が変わる扉がそこにあります。

ステップ1

「文章がうまく書けない」には理由がある

○自分の言いたいことがうまく伝わらない――

原稿用紙100枚分の言葉を費やしても何も伝わらないことがあります。人を説得し納得させるためには多くの言葉を必要としますが、言葉をたくさん並べればいいというわけではありません。長い文章がかえって邪魔をするということもあります。

広告代理店に勤務する僕の友人がこんなことを言って嘆いていました。

「部下の若い奴が報告ひとつできないんだ」

「報告ができないの?」

「そう、出来事を正確に伝達すればいいだけなのに、それができないんだ」

僕の友人には部下が5人います。そのなかのひとりがいつも要領を得ない報告をするというのです。

彼の部署は、クライアントとの交渉や制作会社との打ち合わせ、媒体の手配など営業部と制作部、媒体部、すべてをやってしまうようなチームでした。その業務は多岐にわたっています。同じことのくり返しはひとつもありません。毎日変化する仕事です。

「俺がやっている仕事は連絡が命なんだよ。正確さと迅速さが求められる。なのに、その正確な報告ができないなんて最低だよ」

緊急の場合は電話で連絡をするのですが、そうでない場合は毎日メールで報告します。彼は毎日部下からのメールをチェックしています。要領を得ない報告をするその部下からは、毎日長文のメールが送られてくるそうです。

内容は、言い訳が多いといいます。

「言い訳なんかいらないんだよ。５Ｗ１Ｈを簡潔に書いてくれればそれでいいんだ。なのに、無駄な言葉ばっかり使う。そのうえ肝心な部分が抜けているんだ」（５Ｗ１Ｈとは、いつ・When、どこで・Where、だれが・Who、なにを・What、なぜ・Why、どのように・How の６個の問いのことです）

たとえば、色校正に苦情を言ってきたのはクライアントの誰なのかが抜けていたり、広告データが制作会社からいつ届いたのかが抜けていたりするというのです。

「そういうことは、長年の経験でわかることだから、部下には時間が必要なのではありませんか？」

「いつまでも新人扱いはできないからね。そんな余裕はないんだ。早く戦力になってくれないと困る」

あるとき、飲み会に彼がその部下を連れてきたことがあります。

「報告、連絡、相談、ほうれんそうが大事だぞ」

と彼が酔って言います。

「こいつに文章の書き方を教えてやってくれ」

彼は僕にそう言って頭を下げます。そして部下の肩をたたいて一緒に頭を下げさせます。

その彼が僕にこう言いました。

「自分の言いたいことがうまく伝わらないんですよね」

彼自身も悩んでいるらしく、下を向いてしまいます。

僕は可哀想になって彼を見つめました。気の弱そうな20代の男性です。大学では社会学を専攻していて、成績は優秀だったそうです。色白で細い腕をしていました。

「大丈夫、ちょっと勉強するだけで、伝わる文章は誰でも書けるようになるから」

僕は慰めるつもりでそう言いました。

「小論文も勉強したんですけどねえ」

彼はため息をつきます。

人の心に伝わる文章と伝わらない文章の違いは、文章の量には関係ありません。長くても短くても伝わらないものは伝わらないのです。

彼はどこに問題があるのでしょうか。小論文はちゃんと書けるのに、上司への連絡文が書けないというのはおかしな話です。

では彼はなぜ上司に伝わらない文章を書いてしまうのでしょうか。大学では優秀な成績を修めた人材が報告ひとつできないというのはどういうわけでしょうか？　言葉を知らないからでしょうか？

違います。彼は、むずかしい四字熟語や

ことわざをよく知っていました。

では、世の中のことをよく知らないからでしょうか？

これも違います。たしかに彼には社会経験があまりありません。会社勤めもこの会社がはじめてです。人に報告する義務ができたのは、これまでの半生のなかではじめてのことでしょう。

しかし、伝わる文章を書くことと社会経験はさほど関係ないように思います。なぜならば、中学生にだって伝わる文章が書けるからです。

報告文というのは、通常の文章と違い、読者は上司ただひとりです。新聞や雑誌のように不特定多数の読者に伝わらなくてもいいのです。たったひとりの読者に伝えればいいのです。

なのに、それができないというのはどういうことなのでしょうか？

それは、ちょっとした文章の法則を知れば簡単に解決することなのです。相手が何を求めているのか、そのニーズを知ったうえで自分のメッセージを伝えればいいのです。彼のまちがいは、上司の求める情報を書かないで、先に言い訳を書いてしまったところにあります。

読む人がどんなことを読みたいと思っているのか、それを肌で感じとり想像して書くことがポイントです。

文章がうまく書ける人は、それを無意識のままつかんでいるのですが、そうではない人も多いようです。

でも心配は入りません。本書で紹介する文章テクニックを習得してトレーニングを行なえば、読者ニーズのつかみ方も自然と身についていきます。期待して本書を読み進んでください。

○自分の気持ちを文章でうまく表現できない――

文章スクールのある参加者とこんな会話をしたことがあります。

「こちらの気持ちが相手に伝わらないんですよね」

その参加者は40代の男性です。

「文章で気持ちを表現するのはむずかしいですよね」

と僕は言ってみました。

「好きか嫌いかという明確な気持ちならば伝えられますが、その間で揺れている微妙な気持ちを文章で表現するのは不可能ですよ」

「不可能ではないと思いますよ。小説家たちはそうした感情を見事に表現していますから」

「しかし、私たち凡人には小説家のような文章はなかなか書けませんからね」

40代の男性はそう言います。

そこで、僕はこんな話をしました。

僕は中学生のころ、女の子にラブレターを書いたことがあります。いまどきの中学生には信じられないかもしれませんが、当時の僕は異性と交際するということがどういうことなのか知りませんでした。もちろん、そのあと男女がどのように発展するのかも知りません。AとかBとか、Cとかそういう色事の暗号の意味を知ったのは高校生になってからです。

「付き合う」という便利な言葉さえ知らないものですから、好きであることを告白しても、そのあと、何をどうすればいいのかわからないのです。しかも、「愛している」とか「好き」とか、ストレートな言葉を使う勇気がありません。

ですから僕の書くラブレターは結論のないあやふやな手紙になってしまいます。寝ないで書いたラブレターですが、僕は彼女に渡すことができませんでした。

そんな僕の気持ちを友人が察して「もうひとり女子を誘って、４人で交換日記をしよう」と言ってくれました。僕と彼女と２人きりだと気まずい日記になるかもしれませんが、４人で書けばカラッとしたものになります。彼女たちも了承してくれて交換日記がはじまりました。

現代はメーリングリストやブログなどがある時代ですから交換日記というものを知っている若者は少ないかもしれませんが、当時はテレビドラマなどでも紹介され少し流行っていました。１冊のノートにコメントを書き込んで次の人に渡すのです。参加者のコメントを読み自分もコメントを書きます。ノートの受け渡しのときはドキドキです。

「この前の高橋君のお父さんのお話、面白くて笑っちゃったわ」とか、「高橋君って物知りなのね」などと言って彼女は僕にノートを渡します。

女の子たちや僕の友人は、人前で異性と会話することに何の抵抗もないらしく、ノートの受け渡しは堂々としています。しかし、僕はそういきません。

僕が書いたあとは、女子に渡します。「〇〇さん」と呼び止めてノートを渡せばいいだけのことなのに、僕は恥ずかしくてできないのです。「高橋はあの女子のことを好きなんだぞ」と周囲に思われるのが恥ずかしいのです。女子と交換日記をしていることがクラスの噂になることも耐えられません。

だから、僕はいつも女の子の下駄箱にノートを入れていました。

そんな調子ですから、交換日記に僕がその女の子のことを好きだと書けるわけがありません。

書くことといえば、僕の父親の越中ふんどしが物干し竿にささって気持ちよさそうに揺れていたとか、坂本竜馬は僕らと同年代のころでもまだおねしょをしていたといったことを書いていました。

交換日記は1年半続きました。5冊くらい書いたと思います。半分くらいは僕が書いたのではないでしょうか。膨大な量の文章を書きましたが、僕は彼女に自分の気持ちを表現して伝えることができませんでした。

しかし、ひとつの法則を見つけることができました。それは、この交換日記に僕が小説のようなものを書いたときに感じたことです。好きか嫌いか、ストレートな気持ちを表現するにはたった1本の言葉があれば十分ですが、微妙な気持ちを表現することはできません。

好きなのか嫌いなのか自分でもわからないし、ましてや「愛しているか」なんてわかるはずがありません。「愛」という言葉の意味も知らないのに「愛」という言葉を使うことはできないのです。気恥ずかしさもあります。

そういう気持ちを相手に伝えるには物語で語ることがいちばんだということに僕は気づいたのです。観念的な言葉をならべるよりも、具体的なエピソードや人物を描写することでより多くのことが伝えられます。

もしかすると小説の起源はそこにあるのかもしれません。

千年以上も前に紫式部が光源氏を主人公にして書いた小説は、言葉では言い表わせない微妙な感情の揺れや気持ちを見事に表現しています。物語の力がいかに偉大かということです。

僕は文章スクールで「ストーリー仕立てで書く」というテクニックを伝えています。本書でも紹介していますので、ぜひこのテクニックを身につけてください。言葉ではなかなか表現できない微妙な気持ちをエピソードや物語の力を使って伝えるのです。

○知らないうちに自分の文章が人を傷つけていた――

文章は人の心を傷つけることがあります。こちらに悪意がなくても相手が傷ついたと思ってしまえば、それは傷つけたことになります。それが、ときにはとんでもない問題に発展することもあるのです。

とくにインターネットの世界では、ちょっとした不用意な言葉で感情がもつれたりします。口でいうと何でもない言葉が文章になると相手の感情を逆なでしてしまうということもあるようです。相手のことを誉めていった言葉が、軽蔑や皮肉にとられたり、中傷だと思われたりします。さらに、ブログや掲示板などは、匿名投稿者の暴言で荒らされることもあります。

インターネット上の文章は細心の注意をはらって書かなければいけません。また、メールにおける文章も注意が必要です。メールは手軽に書けて簡単に送ることができます。便利なツールですが、その便利さゆえに礼儀を忘れ相手の心を傷つけてしまっていることが少なくないようです。

たとえば、受取人の名前もなく、いきなり要点に入り、差出人も書かずに送られたメールがあります。受け取った人は、いったい誰が送ってきたのかわかりません。文章の内容やメールアドレスから差出人を察することはできますが、受け取った人にとっては気持ちのいいものではありません。

誤解を招くような言葉も要注意です。たとえば「いいです」とメールで書くと、「良い」という意味なのか「いらない」という意味なのかわかりません。そういう場合は、誤解されないように説明しておく必要があるでしょう。言葉が足りないことで人を傷つけることもあるのです。また、その内容をよく知りもしない人がしたり顔で何かを論じている文章も相手を憤慨させるものです。

あるブログで、若い男性タレントのことを書いた記事がありました。「彼の演技は、テレビで見るかぎりではなかなかいい線いってると思います」などといった内容の記事です。ちょっと生意気な文面でした。すると、その記事のコメントに、「あんたなんかに○○君のことを語る資格はない」とか「○○君の演技はそんなうすっぺらじゃない」などといった書き込みがあったのです。

そのタレントはデビューしてまだ1年にもならない新人ですが、それまでの下積みが10年近くあります。小学生のころからタレント事務所に所属しダンスや歌や演技の勉強をしっかりとやってきたのです。先輩タレントのバックダンサーとしてライブに出て経験を積んだそうです。

このブログ記事を書いた人はそんなことを知りもせず、したり顔でそのタレントの演技を論じてしまったわけです。その言動が真正のファンには許せなかったようです。

これに似たような失敗をした経験をもつ人は多いのではないでしょうか。

インターネットというのは、便利な道具です。出会うはずのない人が出会うこともありますし、自宅にいながらにして世界中の人々とコミュニケーションをとることができます。この道具を使えば世界をひとつにすることができるかもしれません。

しかし残念なことに、この道具で人の心が傷ついたり傷つけられたりしています。まだ幼い子どもがよく斬れる刀を振り回しているようなものです。

「ペンは剣よりも強し」といいます。人を攻撃することもできるし、相手を自殺に追い込むこともできます。ときには大企業を倒産させることもできるのです。悪意に満ちた人の手に入ると言葉は凶器になります。インターネットの世界には、そんな凶器にも似た言葉があふれているように思います。

文章を書くということは、ある意味、真剣勝負なのかもしれません。いいかげんな言葉を振り回していると、いつか自分も傷つけられることになります。

文章を書くときには何度も熟考を重ねなければいけません。真実を確かめないで書くのは論外です。現場に足を運び、自分の目と耳で得た情報で書くべきです。

自分の思ったことを書き散らすだけだと、それは言葉の暴力になってしまいます。言葉は本物の剣よりも恐ろしいものだということを肝に銘じて書くべきでしょう。そのためにも、文章を書くことの基本をしっかりと学び、トレーニングを積んでおくべきではないでしょうか。

○やる気はいっぱいなのにちっとも書けない――

文章が1行も書けない人がいます。なぜ書けないのかその理由を文章スクールの参加者と一緒に考えたことがあります。理由はたくさんありますが、集約すると次の3つになります。

1つは書く習慣がないということです。いくら上手に書く力をもっていても、それが習慣化されていないとなかなか書けません。

僕の知り合いに50代の小説家がいます。芥川賞候補になったほどの才能ある作家です。しかし彼は会社を経営していて、そちらの仕事が忙しくなり、しばらく書くことから遠ざかっていました。その彼が言っていたのです。

「書く習慣がなくなると書けなくなるね」

いざ書こうと思っても机の前に座るまでに時間がかかるのだそうです。やっと机に座ってもなかなか最初の1行が書けずに苦労したと彼は言っています。

2つめは書き方がわからない場合です。文章の構成を考えることとか、結論とないるオチを事前に用意することなど、さまざまな文章テクニックを誰からも教わっていないのです。この問題は簡単に解決します。文章テクニックを教わればいいのですから。僕の文章スクールでも、文章テクニックをちょっと身につけるだけで1行も書けなかった人がスラスラと書けるようになっています。

3つめは心を閉ざした人です。文章とは書き手の考えたことや思ったこと、感じたことを書き表わすものです。いわば書き手の心をさらけ出すようなものです。ですから、心を閉ざした人は文章を書くのがむずかしいのです。僕の文章スクールでは、こうした人に無理に書かせようとはしません。自分の心にあるものを素直に見つめるところからはじめるようにしています。

「書く習慣がない」「書き方がわからない」「心を閉ざしている」と3つの理由をあげてみましたが、じつはもっとやっかいな問題があるのです。

それは、やる気がありすぎるという問題です。

僕が主宰するワークショップに、ある30代の女性がやってきました。性格は明るくて頭の回転も速くおしゃべりも上品な美人です。

「私は小説を書きたいんです」

と自分の目標をはっきりと言います。マーケティング会社に勤務しており、働きながら書いていきたいと言います。

「新人賞を取ってデビューします」

彼女は、みんなの前でそう宣言しました。有言実行タイプの頼もしい人がやってきたなと僕は思いました。そこで僕は彼女に小説の書き方を教えたのです。彼女も熱心にメモをとりながらやる気を見せていました。

ところが次のワークショップの日になっても、次の次の日にも彼女は原稿を書いてきません。ワークショップは月に1回開催していましたので、約3カ月が経過していました。

「プロットでもいいから書いてみてください」

と言っても彼女は書いてきません。あらすじも登場人物の経歴書も何も書いてこないのです。理由を聞くと、

「仕事が忙しくて、書く時間がありませんでした」

と仕事のせいにします。

「全然ないのですか？」

「年末年始にまとまって時間がとれるので、そのときに書こうと思っています」

たしかに仕事は忙しそうでした。しかしいくら忙しくても登場人物の名前を考えたり、挿入したいエピソードを書くくらいはできるはずです。なにせみんなの前で「新人賞をとります」と宣言したのですから。

年が明けて1月のワークショップのとき、僕は彼女がどんな小説を書いてくるのか楽しみにしていました。ところが彼女は1行も書いていません。

なぜ彼女は1行も書くことができないのでしょうか。僕は不思議に思いました。わざわざ文章スクールに通うくらいですから、やる気は十分ありますし、書くための知識も能力もあります。書き方もちゃんと理解できています。なのに、なぜ書けないのでしょうか。

ふと思ったのは、彼女がいつもやる気十分な言葉を言うことです。

「絶対に書きます」

「私には書くしかないんです」

「仕事の合間に思いついた言葉を録音しています」

そんな言葉をみんなの前で宣言したり、メールで送ってきたりします。まるで弱い自分を必死で打ち消そうとしているようです。あるいは、書くことよりも周囲に自分をアピールすることに重点があるように思います。

人の心には必ず両面があります。「絶対に書くぞ！」と決意した瞬間、「絶対に書けないよ！」というマイナスの心理も同時に浮かんできます。アクセルとブレーキを同時に踏んでいるようなものなのです。「書くぞ」というプラスのエネルギーが強いと、「書けないよ」というマイナスのエネルギーも強くなります。プラスとマイナスが同時に存在すると、人間は自然とマイナスに引きつけられていきます。

車を狭い車庫に入れるとき、壁と車の間ばかり見ていると知らぬ間に壁に寄っていくことがあります。気がつくと注視していた方の壁に妙に近づいているのです。あれと同じ現象です。

誰も壁にぶつかろうと思って運転しているわけではありません。むしろ壁に追突したくないから壁と車の間を注意して見ているわけです。しかし、現実の車は期待とは逆の壁際に向かうのです。

運転の上手な人は車庫のスペースを全体的にとらえ、そこに車が入っていくことをイメージして操作します。そこで気合を入れたり、妙に緊張したりはしません。

「絶対に書くぞ！」と気合を入れる人は、壁と車の間の局部ばかり見ている人に似ています。心のなかでは「絶対に書けない！」「書けないかもしれない」「書けなかったらどうしよう」という不安な気持ちをつねにもち続けているのです。そして、その人は知らぬ間に不安と恐怖のほうに近寄っていきます。

気合を入れる必要は何もないのです。静かな気持ちで全体を見回し、歯磨きでもするように文章を書いている自分を思い浮かべればいいのです。

日常的に書いている人は、それを熱く語ったりしません。ましてやみんなの前で宣言などしません。

決意発表や宣言は、参加者の心に火をともし、刺激を与える効果はありますが、宣言した本人にはブレーキになるのです。

本書で紹介するトレーニングは、気合を入れる必要はありません。歯を磨くように日常の習慣として実践してみてください。そうすれば、みるみるうちに文章が上達していきますよ。

○書きはじめるが最後まで続かない――

小説や論文など一定の量を必要とする文章を書くにはトレーニングが必要です。そのトレーニングをしていない人は、最後まで書くことができません。構成の立て方や論旨のまとめ方、理論の展開や結論のつけ方などを知らなければ長い文章を書くことはできないのです。さらに書き方を知っただけでも、それが身についていなければ最後まで書くことはできないでしょう。

小冊子を書くことを考えてみてください。たとえば「ＩＴを上手に活用する方法」という小冊子を作ろうとしています。ページ数は60ページ前後です。４００字詰め原稿用紙にすると80枚くらいの文章量が必要です。

あなたならどんなふうに書きますか？

書き出しは、すぐに浮かんでくるかもしれません。「ＩＴはいまや必要不可欠なものです」という文章で書きはじめてみます。その書き出しをふくらませて、なんとか3ページくらいまでは書けるかもしれません。ＩＴを上手に活用して急成長している企業の実例などを紹介します。そのあとで自社のシステムを紹介します。

しかし、その後が続きません。行き詰まると書く気力さえなくなってしまいます。モチベーションも下がってしまい、結局最後まで書くことはできないのです。

ふたたび奮起して新しい文章を書きはじめますが、やはり10ページ前後で行き詰まってしまいます。何度か挑戦しますが、何度やっても最後まで書き終えることができません。

そこで、あなたは文章には構成が必要なのだということに気づくでしょう。

長い文章をいくつかのパーツにわけて考えるのです。いわば文章の設計図のようなものです。最初に何を書き、その次には何を書くのか、3番目、4番目には何を書くのか、つまり事前に章を組み立てておくということです。ノートにそれを箇条書きにすることをあなたは思いつくかもしれません。

1章ではITを活用して急成長している企業の紹介をし、2章で自社のシステムの紹介、3章でそのシステムが他社のものとどう違うのか、4章で……。

章立てを考えるのに1週間くらいの時間を費やすかもしれませんが、何とか各章のタイトルまで決まります。タイトル以外にもちょっとした内容や分量までもノートに書き込んでいきます。

ところが、その構成どおりに文章を書いていくうちに、どうも章立てに不具合が生じてきます。ノートに箇条書きにしたときは完璧に思えた構成が、書き進んでいくうちにつじつまの合わない部分が見えてくるのです。

さらに、自分の書いてきた文章がひどくつまらない内容に思えてきます。また、たくさん書けると思っていたのに、なかなか筆が進まず、予定の分量に達しないこともわかってきます。

そうなると気力が折れてしまいます。折れた気力のまま最後まで文章を完成させることはできません。構成の修正が必要となるでしょう。つまり、構成を考えるだけでは、最後まで文章を書くことはできないのです。

長い文章を書くときには、自分が何を伝えようとしているのかをまず明確にします。それが文章の核となりますので、十分な時間をかけて吟味しなければいけません。いろんな人の意見を聞いて、その核となるメッセージがまちがっていないかどうかを検討する必要もあります。どのような反対意見があるのかを知っておく必要もあるでしょう。

そのうえで、文章に書き込むネタを集めます。文献を読むだけでなく、情報収集のための取材をします。実際の場所に立ってみることも、現場の人の声を聞くことも大切です。現場に行ってみると想像していたこととは違った印象をもつかもしれません。現場を知らずに書いた文章と知ったうえで書く文章とでは雲泥の差があります。情報を集めるときは、必ず足を使って拾い集めるようにしてください。

次に、集めたネタをどのような順番で書いていくのか、その構成を考えます。この順番をまちがえると、どんなに素晴らしい内容をもった文章も、読者を惹きつけることはできません。構成をしっかりと考えたうえで文章を書かなければいけないのです。

長い文章を書くときは、こうした事前の準備が必ず必要になります。文章の核を明確にし、ネタを集め、構成を考えるのです。

ところが、そこまで入念な準備をしたとしても、最後まで書けない人がいます。おそらく、400字詰め原稿用紙10枚以上の長い文章を書いた経験のない人はなかなか最後まで書けないでしょう。

なぜ書けないのか。結論から言いますと、体力がないからです。書く体力は、マラソンで長距離を走り抜く体力が走ることでしか身につかないように、ひたすら書くことでしか得られません。最後まで書くという経験を数多く積むことで書く体力がつくのです。

ためしに10枚以上の原稿を書いてみてください。内容の良し悪しは問いません。取りとめのない文章をダラダラと書いてみるのです。質ではなく量にこだわってみてください。

それで量が書けるようになると、不思議な変化が体験できます。それは不思議としかいいようがありません。むちゃくちゃな文章を書いたはずなのに、力強い感情が胸に込み上げてきます。それが自信です。

くり返します。質ではなく量にこだわって10枚以上の原稿を書いてみてください。それを続けているうちに、長い文章でも必ず最後まで書けるようになります。

○「君の文章はつまらないよ」と言われてしまった――

あるとき文章スクールの参加者がこんなことを言いました。

「もっとうまく書きたいのに、いい文章が書けないんです」

僕は逆にこんな質問をしました。

「どんな文章を書いてるんですか」

「私は仕事でメールマガジンを発行しているのですが、最近はダラダラと義務感で書いてて、どうもうまくいかないんです。どうせ書くのならいい文章を書きたいと思うのですが、どうすればいいでしょうか？」

「そのメールマガジンは何のために発行しているのですか」

と僕はさらに尋ねます。

「顧客をリピーターにするために書いています」

「その顧客はどんな人ですか」

「健康食品を販売しているサイトのメールマガジンですから、一度商品を購入した人が読者です」

「では健康に関する内容の文章を書いているわけですね」

「そうです。中心は健康ですが、ときどき私の日常のエピソードなどを書いています」

「いいじゃないですか、どこに問題があるのでしょうか？」

僕は首を傾げます。

「もっといい文章を書きたいんです」

「いい文章とはどんな文章のことでしょうか？」

そこで、問題の核心に入りました。

僕はその参加者と一緒にいい文章とはどんな文章かを考えてみました。

誤字脱字がない文章でしょうか。てにをはの使い方が正しい文章のことでしょうか。贅肉のないすっきりとした文章のことでしょうか。文法上のルールを守るのは当たり前のことですが、それを守ってさえいればいい文章になるのでしょうか。

いい文章とは文章テクニックやレトリックを駆使した文章のことでしょうか。文章テクニックを駆使すれば読者を引き付ける魅力的な文章が書けます。最後まで一気に読ませる文章も書けるでしょう。さらに適切な言葉を適切な使い方で書けば読みやす

い文章になります。読みやすくて読者の心を引き付ける文章がいい文章なのでしょうか。

僕がライターとしてまだ駆け出しだったころ、ある編集者からこんなことを言われたことがあります。

「君の文章は、書きなれた感じはするけど、内容がないよね」

文章テクニックをふんだんに活用して書いていましたから、読者を引き付ける力はありました。しかし、それだけではお金を稼ぐプロの書き手とはいえません。『仏を作って魂入れず』という文章になっていたのです。その編集者はそのことを「内容がないね」という言葉で表現していました。

ここでいう文章の内容とは何でしょうか?

文章とは何かを誰かに伝えるために書く伝達手段です。ですから何を伝えるのかというメッセージがなければ、封筒だけで中身のない手紙のようになってしまいます。つまりメッセージが「文章の内容」ということになります。

しかしメッセージにもいろいろあります。どこかで聞いたような話やありきたりなメッセージは読んでいて退屈なものです。

「このままでは年金システムは崩壊する」というメッセージを聞いても、ほとんどの読者は「それはテレビで何度も聞いたよ」と心のなかで思うはずです。何度も同じようなことを聞かされると人間はうんざりします。年金問題は深刻な問題ですし、決して無視できません。年金を食いものにした連中への怒りはいつまでも消えません。

しかし、文章ではもっと違った視点で年金問題を語る必要があるのです。たとえば「このままでも年金は崩壊しない」というメッセージを発信してみます。世間一般で叫ばれているメッセージとは正反対の論調です。そこで、年金制度が崩壊しない根拠を示し、独自のメッセージを書きます。「マスコミの吹聴している危機感に煽られて年金未払いをしているあなた、あなたは将来、年金を受け取れませんよ」という主旨の文章を書けば、これは新鮮さがあります。

文章家はつねに世間とは逆の発想をする癖がついています。だから文章家は天邪鬼《あまじゃく》が多いのです。

つまり内容のある文章とは、誰も考えたこともないような新しい視点で書くということです。聞いたこともないようなメッセージを読んだとき、読者が受ける驚き、それが文章の核となります。この核がないと、文章は「テクニックはあるけど内容がないよね」と言われてしまうのです。

「君の文章はつまんないよ」と言われたことのある人は、このことを考えてみてください。退屈な文章と面白い文章の違いはどこにあるのか、それはこの核となるメッセージがあるかないかで決まります。

○スラスラ書けるようになりたいが、すぐに詰まってしまう——

僕の文章スクールの参加者の大半が「文章をスラスラと書けるようになりたい」と言います。スラスラと文章が書けないと悩んでいる人が意外に多いのです。上司に提出する日報がスラスラ書けず、毎日詰まりながら書いている。ブログを毎日更新すると決めたはずなのに何を書けばいいのかわからず詰まってしまう。ちょっと手紙を書くのにも筆が進まない。……

僕はあるとき、20人のクラスで、最初に何のテクニックも伝えずに書いてもらいました。その場合、大半の人は何をどう書いていいのかわからず、すぐに詰まっていました。そこで、「ストーリー仕立てで書く」というテクニックを伝えました。すると全員がスラスラと書きはじめます。

ちょっとした文章テクニックがわかるだけでも、その日からスラスラ書けるようになるのです。

それは料理と同じことだと思います。「何か料理を作れ」と言われても、作り方を知らなければ作ることができません。材料に何を使えばいいのかわからないので、迷いながら材料を選ぶでしょう。だから、時間もかかります。フライパンの使い方や火加減なども教わっていなければ料理は作れません。どうやってフライパンを使うのか考えているうちに日が暮れてしまいます。

詰まり詰まり文章を書いている人はこれと同じです。書き方を教わっていないので、すぐに詰まってしまいますし、時間もかかります。最後まで書けずに投げ出してしまう人もいるでしょう。**スラスラと書くには文章テクニックや書き方を学ぶ必要があるのです。**

ただし、それでもスラスラ書けないことがあります。それは、書く材料が不足している場合です。たとえば僕は毎月連載小説を書いています。月刊雑誌ですから毎月締め切りがあります。締め切りが近づいてくると動悸が激しくなり、「どうしよう」という言葉が頭のなかをグルグル回ります。もうかれこれその連載は1年続いています。3年間の契約ですからあと2年連載しなければいけません。

最初の3回目までは僕もワクワクしながら書いていました。感動的なエピソードや泣ける物語など持ちネタがたくさんありましたから、早め早めに原稿をあげることができました。

ところが1年も続くと、さすがの僕もネタが切れてしまいます。13回目あたりがいちばん苦しかったのを覚えています。

小説のストーリーがどう展開するのか書き手の僕にもわかりません。雑巾をしぼるように頭のなかから物語のアイデアをしぼり出します。机の前に座って唸《うな》っていてもアイデアは浮かんできません。気分を変えようと公園を散歩してみたところで素敵な物語など出てきません。友人とお酒を飲むと、もっとひどい結果になります。

ネタが切れたときのもの書きほど惨めなものはありません。苦しくて死にたくなります。しかし死ぬわけにはいきません。どうしてもネタを集めるしかないのです。**ブログやニュースレターを発行している人たちの多くは、このネタ切れで悩んでいます。文章を書く人なら必ずぶつかる壁です。この壁を乗り越えると素晴らしい青空が開けてきます。**

ネタを集めるには、料理人と同じように仕入れが大事です。魚河岸にいって自分の目で見て鮮度の高いネタを買い入れなければいけません。文章を書く場合は、人と会話したり、本を読んだり、ネットサーフィンしたり、ごく日常的ななかから仕入れることができます。

そこで重要になるのが、つねにアンテナを立てておくということです。アンテナが立っていなければせっかくのネタをキャッチすることができません。アンテナを立てるとは、つまらない日常から面白いことを見つけ出す感性です。

その感性はちょっとしたトレーニングを積めば身につけることができます。のちほど紹介しますので、そのトレーニングをぜひ実践してみてください。知らぬ間に感性が身についていますよ。

○熱いハートをこめて書いたのにキモイと言われた――

「ラブレターは夜書いてはいけない」とよく言われます。静かな夜の孤独な部屋でラブレターを書いていると、情熱がほとばしってしまい言わなくていいことまで書いてしまうからです。

たとえば、「好きです。好きです。好きです……」と「好きです」という文字が便箋にいっぱい書いてあったらどうでしょうか？

しかも、パソコン文字だと気持ちが伝わらないだろうと思い、肉筆で丁寧に書いてあったらどうでしょうか？

そんなラブレターを受け取った人の身になって考えてみてください。今風に言うならば「キモイ」という言葉が返ってきそうです。

あなたにもそんな経験はありませんか。情熱の赴くままに文章を書いてしまったという経験です。

僕は、いまでも頻繁にそういうことがあります。

ある会社の広告制作を依頼されたときのことです。僕がキャッチコピーを考えるのですが、気に入った商品だとついつい熱が入ってしまいます。先日、ある健康食品の会社からホームページのリニューアルを依頼されました。デザインもすっきりした綺麗なホームページなのですが、

「カッコいいだけでは売りにつながらないんだよね」

と担当者がいいます。

「肝心なのは言葉ではないでしょうか。消費者に対してどれほど強力な提案ができるか、どれだけ明確な約束ができるか、それにつきます」

明確な約束や強力な提案のことをUSPといいます。これはユニーク・セリング・プロポジションの略で、宅配ピザの「30分でお届けできなければ料金半額にします」とか「満足できなければ、全額返金します」「絶対に、確実に、一晩で」(貨物郵送会社)などがこのUSPの好例です。

このUSPをお客様と一緒に考え、それをもとに秒殺メッセージやキャッチコピー、

商品ストーリーなどを僕が書いていきます。僕の会社では、広告の依頼を受けるとそういう段取りですすめていきます。

ところが、僕の悪い癖でいい商品だとついついのめり込んでしまうのです。

依頼を受けた商品はお酢です。お酢のキャッチコピーをつくりました。飲んでみるとおいしいし、クエン酸の効果で食欲増強、疲労回復など体調がよくなるのが実感としてわかるのです。

「これは凄い！」

と心から思ってしまったものですから、キャッチコピーやボディコピーなど情熱の赴くまま、一気呵成《いっきかせい》に書いてしまいました。僕自身は熱くなっていますので、名文だと思っています。このコピーなら消費者に伝わるだろうと確信していました。

しかし、翌朝のコピー会議でその文章を披露すると、

「気合の入ったコピーですね！」

とスタッフは目を輝かせます。

「凄いでしょ。これならいいホームページが作れますよ」

僕は、すでに大反響があることを夢想しています。

「でも、これ使えませんよ」

「え？　なぜ」

スタッフが言うのには、あまりにもドギツイ表現だから使えないというのです。たしかに冷静な頭で考えると恥ずかしくなるようなキャッチコピーでした。案の定、そのままクライアントに提案するとボツになりました。プロのコピーライターでさえ、こうしたミスをよくします。

それでも、文章を書くときに、情熱は絶対に必要です。

情熱を失った文章はガソリンのない自動車だと思います。美辞麗句を並べていくら綺麗な文章を書いたとしても、そこに情熱がなければ人々の心には到達しません。前に進むときに必要なガソリンがないからです。

ですから、僕は文章スクールでこのように教えています。**「第一稿は熱いハートで書け！」「第二稿からは冷静な頭脳で推敲《すいこう》しろ！」**

情熱の炎に燃えている人を誰も止めることはできません。文章に情熱があればその文章は世界中を駆け巡ります。そして、冷静な頭脳で推敲した文章は万人に受け入れられるのです。

○なぜかブログが長続きしない――

ブログは簡単に開設できて手軽に更新できる便利なツールです。しかも無料ですから情報発信をしたいと思っている人にとってはありがたいものです。ヤフーブログの開設数が１００万（２００７年１月）を突破しているといいますから凄いことです。

ところが夢と希望に燃えて開設したブログも、いつの間にか休眠状態になっているものも少なくありません。ある調査によると毎日更新しているブログは１００万のうちの１０００ブログで、約85％は休眠ブログだといいます。なぜそんなに多くのブログが休眠状態になっているのでしょうか？

「鬼嫁日記」のようにブログがテレビドラマになったとか、本になって出版されたとか、有名人ブログが話題になったという情報が流れると、ブログをはじめる人が一気に増えるそうです。

誰でも最初は夢中になります。日記を書いたり、画像をアップしたり、動画を入れてみたり、アクセス数を上げるための方策もいろいろと考えたりして挑戦します。他人のブログに書き込みをして知り合いになりお互いにリンクを貼ってみるとか、トラックバックをつけるとかしてみます。なかにはオフ会を定期的に開催しているブログもあります。

しかし時間がたつにつれて更新されなくなり、ときどき訪れる程度になり、いつの間にか休眠してしまうブログのほうが圧倒的に多いのです。なかでも3カ月で止めてしまうブログがいちばん多く、次が半年です。なんとか1年の山を越えられると案外続くそうです。「2年間も継続しているブログは大したもんだ」と専門家が言っていました。

僕の文章スクールの参加者からもブログに関する悩みを聞くことがよくあります。そのなかでいちばん多いのは「ブログが続かないんです」という問題です。

なぜ続かないのか、参加者たちとその理由を考えてみました。もっとも多い理由が「ブログを書いている本人が飽きる」ということです。飽きたのなら辞めればいい。どうせブログなんて遊びでやるものですから、義務感で続ける必要はないと思うのです。

「でも先生、最初は夢と希望を抱いてはじめたブログですよ。それを目標半ばにして

辞めてしまうのはもったいないじゃないですか」

と参加者の女性が言います。

「目標が漠然としていた可能性はありませんか？」

「私の場合はブログが本になって出版されたと聞いて、それならば私もブログを書いて本にしようと思ったんです。そういう目標はありました」

「なのに、なぜ休眠状態になっているのでしょうか？」

「他のブロガーたちと友人になり書き込みなども頻繁にやったのですが、いっこうにアクセス数は伸びませんし、出版という声もかからないのであきらめてしまったんです」

「つまりブログを書くことよりも、ブログのアクセス数を伸ばすことに重点をおいていたということでしょうか？」

「アクセス数が伸びなければ、出版へ向かって次へのステップが踏めないじゃないですか」

「しかし、それは本末転倒していると思うんですよね。どんなにアクセス数が伸びてもつまらないブログならば、すぐにアクセス数は減っていきますからね。まずは、ブログの中身を充実させることではないでしょうか？」

　僕はそう問題提起してみました。

「どうやって充実させればいいのでしょうか？」

「本を出版することが目的ならば、ブログを原稿保管場所だと思ってアクセス数など気にせず原稿を書けばいいし、日記が目的ならば、未来の自分に向けて書けばいいと思うのです。アクセス数ばかり気にしているから飽きてしまったり嫌になったりするのではないでしょうか？」

「そうですね。アクセス数が日に5件くらいしかないと気持ちが萎《な》えてしまいますからね」

「5件ということは5人の人が訪れてくれているということですよね。ならば、その5人に向けて誠心誠意、真心のメッセージを発信すればいいじゃないですか。ぜひそういう書き手になってほしいですね」

「そういう発想はなかったです。5人の訪問者を大切にするということですね」

「そうです。そのとおりです。その5人はブログがなかったらあなたの文章を決して読むことのなかった人ですよね。ブログのおかげで読んでもらえたわけです。ありがたいじゃないですか。感謝の気持ちで書いてみましょう」

ブログは文章修行には絶好の場だと思います。訪問者がたった5人でも決して「たった」と思わず「5人も読んでくれている」と思えば、執筆のモチベーションも上がるはずです。

僕が小説の同人誌に参加していたときは、品評会に出席する人は3人くらいしかいませんでした。その3人が僕の作品を読んでコメントをくれるのです。そのことが励みになり、僕は小説を書いていきました。あのころの修行があったからこそ、いまこうして文章で飯が食えるようになったのだと思います。

○自分の半生を書き残したいが自信がない――

行きつけの飲み屋で隣の席の人に「仕事は何か」と聞かれると、僕はいつも「ものを書いて生活しています」と答えます。

「何か本でも出してるのかい？」

あるとき、初老の男性が踏み込んで聞いてきました。

「ええ、何冊か出版していますが、なかなか売れなくて困ってますよ」

と僕は苦笑します。ベストセラーを出していても、飲み屋の席で「売れて、売れて困るんですよ」とは言えませんものね。

すると相手は必ずといっていいほど、こんなことを言います。

「俺の人生を小説にしたら、ベストセラーまちがいないよ」

いままで何人から言われたかわかりません。人は誰でも一度は本を出してみたいと思うようです。人間は、生存欲求が満たされると自己実現への欲求が高まります。この時代に自分が生きたという証を刻みたいと思うのが人間なのだそうです。

ですから、自分の人生を小説にして後世に残したいという思いが生まれても不思議ではありません。ベストセラーになるかどうかはわかりませんが、自分の人生を小説にしたいという思いは誰にでもあるようです。その思いが「俺の人生を小説にしたら、ベストセラーまちがいないよ」と言わせるのでしょう。

その欲求は60代や70代の人生の大先輩だけでなく、20代、30代の若者にもあるようです。20代の女性が「私の好きな世界を絵本にして出版したい」とか、「私の名前で本を出したいんです」と言うのを聞いたことがあります。僕のもとにも、そうした若者たちがやって来ます。

「俺の人生を語るから高橋君が書いてくれないかなあ」

と初老の男性が言います。飲み屋での話ですから、酒の肴にその男性の人生を僕は聞きました。

「どんな人生を送ってきたのですか?」

「そうだなあ。小さいころから苦労の連続だったなあ」

「僕らの世代は何の苦労も知らずに大きくなっていますから、先輩の話は貴重な読書体験になるかもしれませんね」

「そうなんだよ。ぜひ小説にしたいなあ」

くわしくその男性の半生を聞いてみると、その昔、満州から引き揚げてこられたそうです。この人が4歳のときに母親が他界し、後妻にきた女が鬼のような人だったそうです。腐った牛乳を無理やり口を開けて飲まされたり、裸で冬空に追い出されたり、虐待を受けてきたそうです。僕に力があればぜひ小説にしたいと思いました。

「素晴らしい体験ですね。ぜひ後世に残せるといいですね」

と僕が言うと、

「小説にしてみたいんだけどねえ」

初老の男性はため息をつきます。

「自分で書いてみたらいいじゃないですか」

「書く自信がないよ」

と男性は手を振ります。

自分の半生を小説にしてみたいという気持ちはあっても、それを書き表わす自信がないのです。多くの人は、その間で逡巡しています。小説を書き上げることは大変な作業ですし、時間もかかるでしょう。文章が書けずにげっそりと痩せてしまうかもしれません。悩み続けて食事も喉を通らなくなるかもしれません。そんなマイナス要素を考えて、書きはじめる前にあきらめてしまうのです。

さらに、いろいろ考えているうちに、自分の人生など取るに足らないちっぽけなものだという思いがわいてくるかもしれません。本人にとっては世界で唯一の物語ですが、他人にとってはすでに何度か聞いている話かもしれません。それに、満州から引き揚げてきたときを回想した物語はいくつも出版されていますし、幼児虐待の小説もたくさんあります。出版しても、時代性や読者ニーズに合わないということもあります。

ただ誤解しないでほしいのは、だからあなたの人生が小説に値しないというのではありません。どんな人生でも料理の仕方でいくらでも小説になります。あなたの人生がありきたりで、どこにでもあるような話だったとしても、あなたの人生を小説にする価値は絶対にあるのです。

ある先輩作家がこんなことを言っていました。

「俺の人生を小説に書いたら凄い小説になるぞという奴はいっぱいいるが、面白い人生なんかどこにもないんだよ」

当時20代だった僕は、生意気にもその先輩に口答えしてしまいました。

「お言葉ですけども、僕はそうは思いません。無名の貧しい人間にも、何の才能もない目立たない人間にも、歴史なんかに絶対登場しない庶民にも、どんな人間にも小説になりうる人生はあると思います。むしろそういう人々の人生を僕たちが書き表わすことで、価値ある人生に変えていくべきではないでしょうか。有名人や歴史的人物を小説にするだけが作家の仕事ではないと思います。無名の庶民の人生に光を当てていくのが僕らの使命だと思います」

いま思い出すと恥ずかしくて眩しくなるエピソードですが、その思いはそのまま僕のベースとなっています。

意味のない人生なんてありません。書き残すだけの価値ある人生をみんな生きていると信じています。ただ、それを世に出すにはちょっとした味付けと工夫が必要なのです。その料理の仕方をこの本で学ぶことができます。ぜひ、自分の半生を書き残すことにも挑戦してみてください。

そのためには何が必要かご存じですよね。そうです、文章トレーニングが必要なのです。

○自費出版にするか商業出版に挑戦するか迷っている――

本を出版したいと思っている人は意外に多いようです。僕のもとにもそういう人がやってきます。ライターや書く仕事をしている人ばかりではありません。普通のOLも本を出したいと考えています。60代、70代の人がいままで生きてきた半生を本にまとめて後世に残したいというのならわかるのですが、30代の若い女性が、「私、本を出してみたいんです」と言います。

彼女は、なぜ本を出したいのでしょうか。

「どんな本を出したいんですか?」

と僕は率直に尋ねます。

「仕事関係でユニークな人たちと接する機会が多いんです。そこで面白いエピソードをいっぱい仕入れたんです。それをまとめて本にしたら売れると思うんですけどねえ」

「しかし、無名の人が本を出すというのは大変なことですよ」

僕は出版のことをいくつか彼女に説明しました。

出版には大きく分けてふたつの形態があります。自費出版と商業出版です。自費出版は、著者がお金を出して出版するパターンです。

最近では、この自費出版が多くなりました。自費出版を専門に扱っている有名な出版社では毎月100冊以上出版しているといいますから、いかに自費出版が増えているかがわかります。

コンサルタント業の方々や弁護士、会計士、医師などのなかには、本を出版することで見込み客を獲得しようとする人たちもいます。この場合は、本を出版することとビジネスがマッチしているのです。

一方、印刷費や製本代、装丁、デザイン、編集費などすべてを出版社が負担し、著者には原稿料や印税が支払われるというのが商業出版です。この場合は、本のタイトルや原稿、構成、すべてを出版社が厳しくチェックします。

何のコネも実績もない人が企画書を出版社に送っても商業出版として採用されることは滅多にありません。

編集者の机には毎日何通もの企画書が送られてきます。そのほとんどはタイトルを見ただけでボツになってゴミ箱へ直行します。なかには原稿を読んでもらえることもありますが、出版までいくのは1つあるかないかでしょう。

やっとのことで出版社が出版を決めてくれても、その本が売れるかどうかは別問題です。もしも売れなかったら出版社に多大な迷惑をかけることになります。

毎月新刊本が何千冊と出版されています。書店の棚には限界がありますので、それをすべて並べるわけにはいきません。運よく並んだとしても売れなければすぐに店頭から消えてしまいます。ベストセラーになった本やテレビドラマや映画になった誰もが知っている有名な本でさえ、いつまでも本屋に並んではいないでしょう。

そういう状況で、無名の作家の本が何日間本屋に陳列されるでしょうか。

そんなことを彼女に話してあげました。

「本を出版するのって大変なんですね」

と彼女は言います。

もちろん、現在は素人でも本を出版する機会は増えています。なかには初めて出版した本がベストセラーになったり、テレビドラマ化されたりすることがないわけではありません。しかし、それは誰もが真似できることではありません。よしんば本が出版できたとしても、売れる確証はないのです。

商業出版がいかにむずかしいかを理解した彼女は、自分の企画を自費出版の会社に持ち込んでみました。全国の書店に陳列されること、チラシを作って書店に送られること、新聞にも広告が掲載されることなどを聞いてきました。ところが、必要な予算が２００万円以上もかかるというのです。

「どうしましょう、そんなお金ありません」

本が売れればそのお金も回収できますが、売れる確証はありません。彼女自身も売れるとは思っていません。彼女は、本を出版するということがそんなにお金のかかることなのかを知って愕然としました。

出版に関わるお金は、自費出版ならば作者もち、商業出版ならば出版社もちです。自費出版ならばすぐに出版が決まります。あとは原稿を書いて、出版社に編集してもらい修正などをすれば書店にあなたの本が並びます。

一方、商業出版は時間がかかります。まず出版してくれる出版社を探さなければいけません。書籍の企画書を何社にも送り、相談にのってくれるようなら出版社に何度も足を運び、熱意を伝えます。それでも企画はボツになるかもしれません。時間と経費だけが消えていきます。
自費出版でいくか、商業出版でいくか、誰もが悩むところでしょう。
そんな悩みを持った人に僕はいつもこんなふうに言います。

「どんな形態で出版するかよりも、まずは原稿を書いてみませんか？」

1冊分の文章を書くことは大変なことです。また、自費出版にせよ、商業出版にせよ、読者にとっては本の中身がどれだけ心に響くものであるかが大切なのです。ですから、出版の形を考えるよりも、まずはそれだけの文章を書く体力を身につけることが最優先ではないでしょうか。

〈コラム1〉人を感動させる文章は自分自身の感動体験から

あなたは文章を読んで心を動かしたことがあるだろうか。宮本輝の小説を読んで涙したり、松本人志のエッセイを読んで笑い転げたり、通販広告を見て思わず注文電話をしてみたり、そんな経験はないだろうか。何か心を動かすときには必ず言葉があるはずだ。
映画や芝居やテレビでは、言葉もなく視聴者を感動させることはあるが、そこに至るまでに多くの言葉を視聴者に伝えている。登場人物がどんな窮地に追いやられているのか状況を説明し、人間関係がどうなっているのか、登場人物の性格はどうなのか、事前情報を観客にインプットしているはずだ。

つまり、人を感動させたり、人を喜ばせたり、人の心をつかんだりするには絶対に言葉が必要なのである。

もしも、一瞬で人の心をつかむような文章が書けたら、世界征服ができるかもしれない。あなたの書いた文章が人を感動させ、泣かせ、笑わせる。しかもあなたの書いた文章は多くの人の行動を喚起する。その行動は運動になり、時代の潮流を作り上げる。そんなことができたらどうだろうか。

思わず注文したくなるような文章が書けたら巨万の富を手にすることができるかもしれない。

実際、全米ナンバーワンのセールスライターだったジョセフ・シュガーマンは消費者が思わず購入してしまう心理を巧みにとらえて成功した。コピーライターは通常クライアントのために広告コピーを書くが、シュガーマンはそれだけでは飽き足らず、会社を起こし、自分で商品を仕入れて自分でコピーを書き販売することにした。それもまた大成功した。すべて言葉の力を最大限に引き出した結果である。

もしも、人の心を癒すような文章が書けたとしたら、病んでいる人を救うことができる。もしも、世論を動かすほどの文章が書けたとしたら、社会を変えることができる。

しかし、現実には誰にでもできることではない。なぜか。

文章は実感で書くものだからだ。実感として書き手の腹に落ちていない言葉は誰も信用しないのである。いくら綺麗な言葉を並べたとしても、また偉人や作家の言葉を引用したとしても書き手が実感としてもっていないメッセージは誰にも伝わらないのだ。

実感のないまま文章を書くことは、まるで欠陥品を販売するセールスマンのようなものである。自分ではこの商品は決して買わないだろうなと思いながらセールスしている。そんな商品を誰が買うだろうか。

セールスマンは心から自分の商品を認め、素晴らしさを実感していなければいけない。その実感で語る以外に消費者に伝わることはないのだ。

人を感動させる文章は、作者自身が感動したからに他ならない。社会的義憤を燃え上がらせる文章が書けるのは、書き手自身が社会悪に怒りを感じているからだ。

「書き手が涙を流して書いたようなものでなければ、読み手が涙を流すことはない」（R・フロスト）。

周囲に影響を与える人は、まず自分が影響されているものだ。自分が感動し、自分が驚き、自分が癒された言葉、それを文章にしているのである。

影響されやすい心は感受性が高い。そして、多くのすぐれた書き手は、この感受性をもっている。そして周囲から影響されやすく、傷つきやすい心をもっているものだ。

ステップ2

文章力がない人の8つの弱点

◇何を言っているのか話がよくわからない――

これはあくまでも主観であり、科学的根拠はまったくありません。ただ僕が長年いろんな人を見てきて感じることです。それは、文章力を身につけた人と、つけていない人には決定的な違いがいくつか見られるということです。

いちばん顕著なのは、何を言っているのか話がよくわからないことです。

僕は物書きの仕事以外に広告制作の仕事もしています。広告の制作現場では、さまざまな人が一緒になってひとつのものを作り上げていきます。それをまとめるのがディレクターです。営業マンがディレクターの役をすることもあります。僕の会社のスタッフはみんな優秀なので明瞭簡潔に説明し、コピーライターやデザイナー、カメラマンたちに、どんなものを仕上げればいいかを短時間で伝えます。

ところが、広告主と制作の中間に位置する広告代理店の方が来て意味不明の説明をして帰ることがあります。

2時間近く話をしても、いったいどんな広告を作りたいのかさっぱりわかりません。

デザイナーは結局、泥臭いデザインをすればいいのか、洗練されたデザインにすればいいのか、はたまたその中間なのか、それさえわかりません。カメラマンも同様に、自分がどんな写真を撮ってくればいいのか明確にされないまま仕事に取りかかることになります。

「そのへんはお任せしますので、自由に作りこんでみてください」

と代理店の方は言います。

もしも本当に自由に作ってしまったら、カメラマンもデザイナーもコピーライターも互いの仕事を無視してバラバラなものを仕上げてくるかもしれません。そんな広告がうまくいくはずがないのです。

こんなことは、おそらく広告の制作現場だけでなく、いたるところで起きていると思います。何を言っているのか話がよくわからないという人と一緒に仕事をすることほどつらいものはありません。

あなたのそばにもそういう人がいませんか。

何を言っているのかさっぱりわからない人です。伝えたいことがあるのでしょうが、何も伝わってきません。こちらが質問しても、その答えが曖昧で答えになっていないのです。話をしていても、イライラしてきます。

こんな人は大きなものを損失しています。まずは時間です。必要事項を伝達するだけで時間がかかりますので、毎日無駄な時間を量産しています。無駄な時間は本人だけでなく、相手にも浪費させているのです。そこから人間関係も悪化します。ビジネスでもっとも重要な信頼も失うことでしょう。

そして、そういう人は文章を書いても同じように何が言いたいのかわからない文章を書きます。そもそも文章を書く習慣がなく、企画書なども人任せにしたりしているかもしれません。

自分自身がそういう人間になっていないか、チェックしてみてください。自分の言っていることが相手にうまく伝わっていなかったら要注意です。それは周囲の理解力が足りないからだと言い訳してみても、実際は自分自身に原因がある可能性だってあります。

いまからでも遅くありません、普段どんなふうに文章を書いているか、思い浮かべてみてください。そして気になる人は文章トレーニングをはじめてみましょう。

◇考え方に柔軟性がなく思い込みも強い――

自分の主張を曲げない人がいます。主張を曲げないというのは信念を貫くみたいで一見いいことのように思えますが、単なる思い込みをもち続けているだけという場合がよくあります。まちがった考え方を正しいと思い込んでいると、結果はとんでもないことになります。毒を栄養剤だと思い込んで毎日飲んでいるようなものなのですから。

僕の知り合いに主張を曲げない人がいます。表向きは謙虚で勉強熱心な40代の営業マンです。会社では課長職で部下も何人かいます。営業は気合と根性だと思い込んでいるのです。来る日も来る日も新規営業の電話をかけ、セールスシートをファックスし、アポイントをとって訪問します。このくり返しです。僕は、もっと違った営業方法を考えるべきだと提案します。

「昔は訪問販売という手法が主流でした。いまでもやっている会社はありますが、訪問販売員を歓迎する消費者は、いまの世の中どこにもいません。次にやってきた営業手法は電話です。しかし、この電話もいまの消費者は嫌がっています。そうやって営業方法はどんどん変わっていくんです。昔ながらの電話営業をやっていたら、いつの間にか時代遅れになりますよ」

「そうですね」

40代の営業マンは素直に納得するのですが、翌日はやはり同じように電話営業をやっています。しかも、電話での話し方もいっこうに改めようとしません。

僕はその人に電話営業の方法をこう提案していました。

「電話で説得してはいけないと思うのです。電話でものを売りつけられたいと思っている人はいませんし、電話で説得されたいと思う人もいません。ですから、相手が『いらない』といったら、その言葉を尊重してすぐに電話を切るべきです」

40代の営業マンは、そのときは「そうですね」と納得してくれるのですが、いっこうに行動を改めようとはしないのです。部下たちには、やはりこう言っています。

「営業は気合と根性、相手がイエスと言うまで電話を切るな」

部下たちはその指示どおり、相手が「ノー」と言ってもしつこく食い下がります。巧みな話術を使って途切れることなくしゃべりまくり、なかなか電話を切らさないのです。挙句の果てに相手は憤慨し、二度と電話できないくらい関係を悪化させてしまいます。

「肝心なのは1カ月おきくらいに何度も電話ができる関係を築くことだと思うのですが、いかがでしょうか」

と僕がいくら力説しても、40代の営業マンは自分の主張を曲げようとしません。結局は電話してしつこく食い下がり、買う気もない見込み客にアポイントを取って契約にも何もならない訪問を続けているのです。そんな昔ながらの営業を延々と彼は続けています。

3カ月かかってやっと新規契約が決まったそうですが、粗利は5万円そこそこです。継続顧客にはなりませんでした。その間、既存客へのフォローもおろそかにしてしまい、売り上げは伸びていません。5万円の利益をあげるためにどれだけの時間を費やしたでしょうか。時給計算をすると赤字になってしまいます。

自分の主張を曲げないことが、いかに損失を出すか理解していただけましたでしょうか。

ちなみに、この40代の営業マンは文章をほとんど書きません。僕がメールを送っても、返ってきたことはほとんどありません。返ってきたとしても、「そうですね」とひとことだけ、宛先名も送信者名もない不躾なメールです。

営業として手紙を書いたこともなければハガキをだしたこともないそうです。年賀状と暑中お見舞いは会社のハガキで出しています。彼には文章を書くことに苦手意識があるようです。

信念を曲げずに貫き通すことは大事ですが、新しいことを取り入れる柔軟さも忘れてはいけません。

頭脳を開発して柔らかくするためには、文章を書くトレーニングが最適です。ぜひ、一度試してみてください。

◇なぜか言葉が出てこない――

これは、ある20代の女性のお話です。背が高くてほっそりした体つきのまるでモデルのような人です。お酒が好きで飲むとよくおしゃべりします。話題はテレビドラマや映画、その日あった電車での出来事や職場での人間関係などです。しかし僕が何か質問すると言葉が出てきません。ともすると質問には答えず、まったく関係ない別のことを話しはじめたりします。

テーマを与えると言葉が出てこないのです。そんな人があなたの身近にいませんか。

なぜ言葉が出てこないのでしょうか。

この女性に「文章を書いてください」と言うと、おしゃべりばかりして1行も書けません。書く訓練をまったくしたことがないのです。**文章を書くということは、考えるということでもあります。テーマについての思索が必要ですし、他人と議論することも必要です。そのうえで自分なりの考えをまとめます。そうした作業を物書きは行なっているのです。**

この女性の頭のなかには、そうした作業のできるスペースがありません。

たとえば、テレビドラマに関する会話をしたときのことです。そのドラマは僕も見ていましたからつっこんだ質問をしてみました。

「あのとき主人公は、彼女に会わずに帰ってしまいましたよね。なぜでしょうか」

「……」

「主人公は悲しそうな顔をしていましたが、何がそんなに悲しかったのでしょうか」

「……」

この女性から言葉は出てきません。

決してむずかしい質問ではないと思うのですが、この女性にとっては考えたこともないようなことなのです。挙句の果ては、こんなことを言います。

「テレビドラマなんて面白ければいいの。変なこと考える必要はありません」

万事がこんな調子です。

つまり、ひとつのことを深く考える習慣がないようなのです。この女性のおしゃべりは、つねに断片的です。頭に浮かんだことを次々と口にしているだけで、面白く構成されているわけでもなければオチがついているわけでもありません。正直、退屈な話ばかりです。

しかも思考が短絡的です。政治家はみんな悪い奴、政府はいつも国民を騙す、男はズルイ、女はバカ、そんなステレオタイプ的に物事をとらえています。

おしゃべりは断片的で、1分後には違う話をしています。さっきAについて話していたかと思うともうBについて話していて、聞いている側はBのことを言っているのかと思っていると、この女性のなかではすでにCについて話しているのです。1時間も対話するとこちらが疲れてきます。

こんな調子で仕事を上手にこなせるとは思えません。実際、彼女はアルバイトを何度も変えています。半年続いたアルバイトはないようです。仕事を辞めるとき、いつもこう言います。

「私には無理、あの仕事は合わないわ」

彼女はあと数年で30歳になります。彼女に合う仕事は見つかるのでしょうか。ちょっと心配です。「文章トレーニングをして深く思索する習慣をつけるといいのになあ」とアドバイスするのですが、彼女はなかなかはじめようとはしません。残念なことです。

◇どうしてもよいアイデアが浮かばない――

文章が書けない人は、アイデアが貧困です。アイデアというのは、頭に浮かんだときすぐにメモをとる必要があります。メモをとらない人が、湧水のごとくアイデアが浮かんでくるというのを聞いたことがありません。ほとんどのアイデアマンはメモ魔といわれるくらいメモをとっています。

また、アイデアというのは集めた情報を整理整頓するなかから生まれてきます。情報をまとめるとき、頭のなかだけで整理するのではなく紙に書いて整理します。断片的なキーワードを書き出していくうちに一本の文章につながっていくのです。漠然とした考えが文章化されたとき、明確なアイデアとして現われます。

アイデアが生まれるときには次の5つのステップを踏みます。

1つは問題意識です。問題意識が最初にあって、はじめてアイデア誕生のプロセスがスタートします。

2つは情報収集です。問題解決の糸口になる情報を集めます。

3つは情報の整理です。膨大な情報を取捨選択しなければいけません。

4つは分析です。ここで深く考える必要があります。多様な人材を集めてディスカッションすることも有効です。

5つは結論です。完璧な問題解決策などないのです。どこかで妥協点を見つけて決断しなければいけません。この結論を導き出す過程でアイデアがわいてくるのです。

とくにビジネスの世界はアイデアが生命線です。気合と根性だけではどうにもならない世界です。あなたの会社の上司はいかがですか。何のアイデアもなく、気合と根性を部下に強要したりしていませんか。アイデアが貧困な人を上司にもつと悲惨です。

ちなみに、情報を集めるには資料を読まなければいけません。読んだ資料から自分なりに思索を深める必要もあります。そして考えをまとめて結論を導き出します。そのとき文章を書くことで思索が深まります。つまり、読むことと考えること、そして書くことは一体となっているのです。

頭を動かすことはしんどくて疲れることです。そのせいか安楽なことを良しとする現代人は頭を使わなくなりました。使わないから、いざ必要なときにちっとも使えないのです。

文章を書くことで脳が活性化されます。脳を鍛えれば老化が抑えられるといいます。脳を鍛えるためにも文章を書くという習慣を身につけましょう。

◇多角的に見る力や疑問をもつ力が弱い――

飲み屋で世間話をしていると、テレビの受け売りをさも自分の意見でもあるかのように話す人がいます。たとえば、北朝鮮の拉致問題でテレビのコメンテーターが「拉致は犯罪です。犯罪国家に経済援助なんかしちゃだめです」と言ったとすると、そのコメントをそのまま飲み屋で話すわけです。

「テレビで○○が言ってたことなんだけど」と前置きをして話すのならいいのですが、

自分の意見として話すものですから、この人の主張だと勘違いしてしまいます。もっとも、話している本人もテレビの受け売りという意識はなく、自分の主張として言っているのです。このように、テレビで言っていたことを安易に自分の主張にしてしまう人があまりにも多いのには驚かされます。

いわゆる、すぐに信じてしまう軽信者なのです。

年金問題についてテレビで、みのもんたが「ほっとけない！」と怒りをあらわにすると、同じように怒りはじめる人がいます。「いじめは子どもだけでなく、学校や家庭や社会全体の問題なんです」とテレビのコメンテーターが言えば、飲み屋で「いじめは社会全体の問題なんだよね」と、したり顔で言ったりするのです。

僕たちは年金問題やいじめの問題に関心をもったとしても、実際の現場にいって取材することはできませんし、時間をかけて情報を集めることもできません。やろうと思っても、仕事や生活などもっと他のことに時間を奪われてしまいます。ですから、手っ取り早くテレビのコメントを自分の意見にしてしまうほうが楽なのです。

問題なのは、そこに疑いがまったくないことです。

テレビの論調を鵜呑みにして、自分の意見にしてしまうのは危険です。自分の意見や主張だけでなく、怒りという危険な感情さえもマスコミにゆだねてしまっているからです。

たとえば、影響力のあるタレントが怒りをあらわにしてある企業の社長を攻撃したとしたら、視聴者も同じようにその会社を攻撃します。評判が落ちてしまった会社は倒産するかもしれません。倒産したあと、あの報道はまちがいでしたと判明したとしてもあとの祭りです。そうした風評被害は日々くり返されています。

マスコミ報道をまず疑うことです。その論調が道理に即してあり得ることなのか、文献や情報は確かなものなのか、現実はどうなのか、そうした疑う力をもたなければいけません。

軽信する人は疑う力がありません。目の前にいる人の話は信じないけれども、テレビに映った人の言葉は簡単に信じてしまいます。親の言うことにはちっとも従いませんが、有名人の書いた本にはすぐに従います。テレビの受け売りをしていることさえ忘れ、自分の意見のように言ってしまいます。そういう人は、考えることを誰かに任せてしまっているようです。

昔、ある国の政治家がマスコミを通じてユダヤ人に対する怒りや憎しみをあらわに

しました。その感情は国民に広がっていきました。そして悲劇は起きてしまったのです。あなたはその悲劇の共犯者になりたいですか。

文章を書くには、ひとつのことでもいろんな可能性を考え、疑問をもち検討する姿勢が必要となります。文章を書くとは、考えることに他ならないからです。

考えるとは、つねに疑問をもち、どこまでもその疑問を追及することからはじまります。アインシュタインは2時をさした時計の針を見て「いまは本当に2時なのだろうか？」と疑問をもったといいます。そのひとつの疑問が次々と新しい疑問を生んでいき、それらを究明することで真実に近づいたのだと思います。そうしてアインシュタインは「光速不変の原理」を導き出しました。

ニュートンは「リンゴは木から落ちるのに、月はなぜ落ちないのだろう?」という疑問から「万有引力」を見つけました。

つまり、考えるとは疑問をもつことからはじまるのです。文章を書くときも、疑問をもたなければいけません。すぐれたジャーナリストや作家ほどテレビや新聞の意見を軽信せず、つねに疑問をもつ目をもっています。

それで、文章トレーニングにも、そうした疑問をもつ力を身につける方法を組み入れてあります。

◇自分を客観的に見るのが苦手――

人の話を聞かず一方的に話す人がいます。あなたの周りにはいませんか。

僕の知り合いに40代の主婦がいます。夫婦仲がよくなくて、いつもご主人の悪口や不平不満を漏らしています。言いたいことを言い終えるまでマシンガントークが続きます。こちらは、合いの手を入れるくらいで口を挟むことはできません。

最初は仕事の打ち合わせをしていても、いつの間にか愚痴が出てきて、最後にはご主人への不満があふれ出てきます。僕は、いつもその相談を受ける形になってしまいます。


悩み相談ですから、僕なりの答えを言ってあげるのですが、それに対してすぐに反論してきます。僕が提案することは、ことごとく潰《つぶ》されてしまうのです。

「どうすればいいんでしょうねえ」

と40代の主婦が言います。

「少しの間、別居してみたらいかがですか。距離をあけてみると見えてくるものもあるんじゃないですか」

「別居するにしても先立つものがないでしょ。当分は無理ね」

「じゃあ、少しずつでもお金を貯めていけばいいじゃないですか」

「それも考えたの。でもなかなかお金って貯まらないのよね」

「計画を立ててみたらいかがですか。3年後には別居すると決めて、それまでにいくら貯金するかを計算すれば毎月の貯金額が見えてくるでしょ」

「計画を立ててやってみたこともあるわ。でもうまくいかなかったの」

「あなたも仕事をもっているので、貯めようと思えば貯められるでしょ」

「仕事をしていると出費もそれなりにかかるのよ。毎日同じ服を着ていくわけにもいかないし、営業職だから身だしなみはきちんとしなきゃいけないでしょ。これで案外気をつかってるのよ」

「交際費とかをきりつめれば何とかなるんじゃないですか」

「もともと交際費はあまり使っていないし」

どこまでいっても結論は見えてきません。僕自身も何のために答えを出そうとしているのかわからなくなってしまいます。僕は彼女のために解決策を見つけようとしているのに、彼女はそれをことごとく否定します。まるで彼女は解決策を求めていないようにさえ思えるのです。

では、彼女はいったい何を求めているのでしょうか。

「いまのご主人となぜ結婚したんですか」

あるとき僕は思いあまってそんな質問をしてみました。

「子どもでもいればよかったのかもしれないわね」

と彼女は別の話題を話します。

「ご主人のどこがよくて結婚したんですか」

「私は仕事なんか辞めて家庭に入りたいの。専業主婦ってあこがれるのよね」

「専業主婦になればいいじゃないですか」

「私は子どもがいっぱい欲しいって言ったんだけど、あいつはいらないって」

「ご主人は、なぜ子どもがいらないって言うんでしょうねえ」

「家族旅行に行ったり、誕生日パーティを開いたり、そういう家庭を作りたいの」

会話がまったくかみ合いません。

僕もしまいには質問したり解決策を見つけたりする努力をあきらめて、ただ彼女の話を聞くだけにします。そのほうが彼女は喜ぶのです。

「あいつ最悪なの」

と彼女が言えば、

「そうなんですか、最悪なんですか」

と僕は答えます。

「もう嫌になっちゃう」と言えば、

「そうですね、嫌になりますね」と答えるのです。

つまりオウム返しの会話しかできません。味気ない会話です。こちらが疲れてしまいます。

彼女からメールを受け取ることがあるのですが、彼女の書く文章はいつも支離滅裂です。怒りの感情が見え隠れしています。冷静を欠いており、読んでいてつらいものばかりです。

感情というモンスターを彼女は心のなかに飼っていて、そのモンスターを自分でコントロールできずに困っている。そんな印象を受けます。もしも彼女が文章を書く訓練をしていれば、ものの見方がもう少し冷静になるかもしれません。相手の言い分に耳を傾け、相手の気持ちを思いやることもできるでしょう。

文章力を身につけるには、自分を客観視することが必要になります。また、読者の身になって考える姿勢も必要になります。こんなことを書いたら傷つく人がいるだろうなとか、この言葉を使うと苦情がくるかもしれないといった配慮も必要です。

そんなふうにして文章を書いていると、冷静に物事を見つめ大局を見つめる目が備わってくるのです。

また、文章を書くには人の話はインスピレーションとネタの宝庫ですから、相手の声に真剣に耳を傾けるようになります。出会う人や事象はすべて取材対象でもあります。

ですから、そばにいる亭主に対しても冷静に観察するようになります。書き手の視点で亭主を見たとき、亭主の言動や仕草にふと微笑んでしまうこともあるでしょう。

◇会議の司会進行がうまくできない――

会社の会議というのは嫌なものです。僕の嫌いなもののベスト3に入ります。とくにとりとめのないことに延々と時間を費やす会議ほど嫌なものはありません。貴重な時間を無駄にするだけでなく、参加者らのモチベーションも下がってしまいます。

しかし、なかにはすっきりと気持ちのいい会議に出会うこともあります。それは司会進行役が上手な場合です。

司会進行のうまい人はその会議の目的を明確にもっていて、それをあらかじめ参加者全員に確認します。そして、参加者のそれぞれの立場を明らかにし、誰が何の専門で、その方面の意見を求めているということをはっきりとさせます。そして、求める結論から外れないように会議を運営していき、結論が出ないときはその対処法も心得ています。いわば段取りができているのです。

このことは文章を書くことに似ています。文章を書くのが上手な人は、その目的を明確に知っていますし、自分の立場と読者が求めているものもちゃんと知っています。ポイントを整理してわかりやすく解説するテクニックも、むずかしい専門用語にはちゃんと注釈を入れる配慮もできています。

逆に、司会進行が下手な人ほど文章を書くことに苦手意識をもっていることが多く、そもそも文章の組み立てがうまくできていません。どの順番で文章を書いていくのか、その構成もできていないのです。自分の選んだ言葉をただ並べただけなのです。ですから、結論が何なのか、何が言いたいのか読者には見えてきません。第一、読みづらい。そんな文章を書いてしまうのです。

このように、ある意味、文章を書くという作業は司会進行をつとめるようなものなのです。文章をスラスラ書けるようになることは、上手な司会進行で会議を有意義なものにする助けにもなると思います。

今日からあなたも文章トレーニングをして、会議革命を起こしましょう。

◇企画書がうまく書けない――

ビジネスの世界では、いたるところで企画書が必要となります。毎日何枚もの企画書が書かれています。どの会社にも企画書があふれています。あなたの会社ではいかがですか。

会議の資料として企画書が配布されます。商談をするときも企画書を見ながら進めます。プロジェクトの説明をするときもチームに企画書が配られます。

もしも、この企画書が書けなければどうなるでしょうか。

僕の知り合いに、企画書が書けないという人がいます。いままで何本もの企画書を見てきたはずなのに、自分では書くことができないのです。ですから、いつも部下に書いてもらうのだそうです。

その人には、文章を書く習慣もありません。パソコンに対する苦手意識もあるようですが、原因はもっと違うところにあります。

僕も何度かその人のために企画書を書いたことがありますが、その人の説明は要領を得ません。何をどう書けばいいのかさっぱりわからないのです。

お客様に何かを売り込みたいらしいのですが、

「つまり、この広告媒体の内容と値段を書けばいいわけですよね」

と僕が言うと、

「いやそうじゃないんだ」

と言います。

「じゃあ、何を売り込みたいのですか」

「この企画を売りたいんだ」

「この企画というのは何なのですか」

「それはつまり……」

その人は、延々と企画内容を語るのですが、何を言っているのか要領を得ないのです。たぶん、誰が聞いても理解できないでしょう。

つまり、その人の問題点は説明ができないということなのです。

企画書というのは、そもそも何のために書くのでしょうか。アイデアや考えたことなどを人に伝えるために書くのです。ですから、手紙と一緒なのです。その手紙に棒グラフや図解やイメージ写真などが入ったのが企画書なのです。

広告の世界では、クライアントに広告キャンペーンをプレゼンテーションするときに企画書を書きます。

何のためにそのキャンペーンを行なうのか、ターゲットとする消費者のニーズはどこにあるのか、クライアントの商品はどのようにイメージされているのか、そのイメージをどのように変えればいいのか、そのための対策としてこういうキャンペーンを企画しました。そして、そのキャンペーンの内容は……。というようにプレゼンテーションします。

工場のＱＣ（Quality Control　品質管理）活動などでも企画書は活用されます。生産ラインの問題点は何か、そのためにどういう解決策があるのか、そのラインのメンバーは何をしなければいけないのか、そして目標値はいくらなのか、そんなことを企画書に書いていきます。その企画書をラインのメンバーに見せて、改善のための意思統一をはかります。

ですから、企画書がうまく書けない人は出世できません。

企画書が書けない人は、口頭での説明も意味不明のことを言ってしまいます。何時間かけても理解できません。参加者は時間の無駄のように感じます。

それは、その人が自分の考えを整理していないからです。事前にポイントを明確にしていないのです。まとめる力もありません。だから、自分でも何を言っているのかわからなくなっています。まずは、考えをまとめて整理することです。

それは、まさに文章を書くことと同じ作業なのです。

文章を書いていると、自分の考えをまとめて整理することを学びます。文章修行をやった人は、企画書が書けます。

企画の骨子と文章ができれば、あとはグラフや図を挿入してわかりやすくすればいいわけです。

◇◇◇◇◇◇

〈コラム2〉言葉は炎のように広がる「マッチ棒の法則」

「人の悪口ばぁ言うとると、どこかでお前の悪口を誰かが言ってると思えぇよ」

とは、亡き父が小さいころ、教えてくれた人生訓である。

「人を傷つけたら、どこかで傷つけられるけぇねえ」

「ズルをしたら必ずしっぺ返しがあるでぇ」

広島弁で父は言った。僕の出身は広島である。父の人生訓はすべて広島弁で語られた。

その他にも父の残した教訓はたくさんある。そんな教訓のなかでもいちばん印象に残っているのは「マッチ棒の法則」である。火のついていないマッチ棒を何本集めても燃えたりはしないが、たった1本でも燃えるマッチ棒があれば、すべてのマッチ棒はあっという間に燃え上がる。

僕は小学校のときから社会科が好きで歴史の本をよく読んだ。おまけに純粋な幼い心は、社会悪や不正に対する怒りを抑えることができなかった。

当時ベトナム戦争があり、日本でもアメリカの横暴に対する非難の声があがっていた。まだ疑う力の乏しい少年の頭脳はマスコミと一緒になってアメリカに対する怒りをあらわにしていた。

ベトナムの小さな村のガリガリに痩《や》せた村人がアメリカ兵に虫けらのように殺される写真を見たとき、僕の怒りは爆発した。

「なんで戦争が起こるんよ。なんで人が死なないけんのよ！」

いま思えば恥ずかしいかぎりだが、僕は泣きながら父の胸を殴ったのである。感受性が強いと言えば聞こえはいいが、悪く言えば感化されやすく燃えやすい単純男だったのだ。

大粒の涙を浮かべて「なんでじゃ、なんでじゃ」と喰ってかかる息子のコブシを父はどんな思いで受け止めたのだろうか。僕の父は戦争に行った男である。銃剣を持って中国大陸を走っていたのだ。

僕は、怒りが込み上げてきて抑えることができなかった。父の胸を叩きながら激しく泣いた。

そのとき、父はこう言って僕を慰めた。

「お前の怒りの炎が世界へ広がるとええのう」

父はそれだけ言った。

父は学校もろくに行っていない。大した教育も受けず戦争にかりだされた。軍服姿の父の写真を見たことがある。セピア色になった白黒写真だ。精悍《せいかん》な顔立ちの美男子だった。父は人生のうちでいちばん輝く青春時代を戦地で過ごしたのである。

父の言葉を僕なりに解釈すると次のようになる。

「アメリカが悪い、政府が悪い、社会が悪いと言ってみたところで世界は何にも変わりはしない。もしも本気で世の中を変えたいのなら、まず自分から先に変わるべきだ。お前の魂に火がつけば、その炎が周囲に燃え広がり世界はきっと平和になる」

このことを僕は「マッチ棒の法則」と名づけた。

ただ、僕が発した火をどうやって周囲に広げるかを考えたとき、そのための手段が必要だと思った。歌がうたえるのならば歌で世界に火をつけたかもしれないが、僕に歌をうたう才能はない。僕には文章しかなかった。だから僕は文章を書く。マッチ棒の法則を信じて。

ステップ3

騙されるな！　文章の常識9つの落とし穴

☆自由に書けと言われても――

小学校の国語の授業で作文に費やす時間はどのくらいでしょうか。僕の記憶にあるのは、運動会や修学旅行などのイベントがあったときに書く作文や、夏休みの宿題として書かされる読書感想文くらいです。しかも、そのときの作文指導は、

「思ったこと、感じたことを自由に書きなさい」

というものでした。

思ったこと、感じたことを自由に書きなさいと言われても、書くことに慣れていない子どもが書けるはずがありません。

僕は先生の言うとおり思ったことを素直に書いたことがあります。

『遠足の思い出』というテーマでした。学校からバスに乗って山奥の渓谷に行き、その遊歩道を歩いたのです。バスが渋滞に巻き込まれてなかなか進まないのがイライラしたとか、歩いたとき足が痛かったとか、お弁当はおいしかったとか、トイレを我慢して漏らした人がいたとか、そんなことを書こうと思いました。しかし、ただ出来

事を書くだけではつまりません。こんなつまらない文章を書く必要がどこにあるんだろうと思いました。

そこで、僕はこう考えたのです。

「思ったことを自由に書いていいわけだから、人の悪口だって何だっていくら書いてもいいんだ」

そこで僕は自由に書きました。

「女子たちは歩くのが遅いので、うしろから蹴ってやろうかと思いました」とか、「オシッコを漏らした人は、汚いのでそばに寄って欲しくないと思った」とか、「泣いてる女子がいたけど、顔がちょっと気持ち悪かった」など実際に思ったことを思ったように書きました。

子どものころでしたから、文章に書くということがどういう意味をもつものなのか何も考えていません。悪口を言われた人がどんな思いをするのかもわかっていないのです。恥ずかしいことですが、子どものころのことなので、お許しください。

僕のなかでは面白い作文だなと思って、書きながら笑っていたのですが、先生がこれを読んだとき、そんな笑いは吹き飛びました。

「高橋、ちょっと来い！」

中年の男の先生です。職員室で僕は身を堅くして延々と先生の説教を聞かされるはめになりました。

先生は、お茶を飲みながら厳しい視線を僕に向けます。

「高橋は、本当にこういうことを思ったんかぁ」

「は、はい」

「女子の背中を蹴ったらいけんじゃろうが」

「は、はい」

「オシッコを漏らした人のことを汚いって言ったら可哀想じゃろうが」

「は、はい」

「泣いてる女子の顔が気持ち悪いって、お前の顔がなんぼのもんじゃぃ」

「は、はい」

僕は「はい」としか言いようがありません。

その日は放課後遅くまで先生の説教を聞かされました。しかし、そこで僕は大切なことを悟りました。それは、思ったことを自由に書いてはいけないということです。チャラチャラと歩いている人がいたら、誰だってうしろから蹴りたくなる、オシッコでズボンが濡れていたら誰だって汚いと思う、でも、それは文章に書いてはいけないのです。そこには思いやりや優しさが必要なのです。心のつぶやきを赤裸々に書いたとしても、登場人物や読者たちへの配慮を忘れてはいけません。

つまり、「文章で人を傷つけてはいけない」ということを僕は深く胸に刻みました。

学校の先生は自由に書けといいますが、本当に自由に書いてもいいことなど何もないのです。そこにはルールがあり、法則があります。ルールを守り、法則にのっとって書く必要があるのです。思えば、そうしたルールや法則を学校ではちっとも教えてもらえなかったなあ。

☆感じたままに書けと言われても――

学校の作文で感じたことを羅列した経験はありませんか。先生から「感じたことを書きなさい」と言われ、僕はそのとおりに書いたことがあります。

「運動会は楽しかった、でも１００メートル走で2位だったので悔しかった。弁当はおいしかった」

たった1行で終わる作文です。

先生は、

「高橋、書き直しじゃ。最低でも原稿用紙1枚以上は書きんさい」

「え、1枚いうたら、４００文字、そんなに感じたことないです」

「ないことはなかろう。よく思い出してみぃ」

僕はまた居残りをさせられました。

思い出せと言われても出てこないものは出てこないのです。これほど苦しいことはありません。あなたもそんな経験はありませんか。

大人向けの文章教室でもこれと同じようなことを言っている講師がいたのでびっくりしたことがあります。

「感じたことを感じたまま書いてください」

そう講師に言われ、参加者たちは戸惑っていました。みんな眉間《みけん》に皺《しわ》を寄せて考えていましたが、なかなか文章が浮かんできません。なかにはスラスラと書いている人もいましたが、それはもともと文章力のある人です。

「感じたことを書けって言われても、むずかしいですよね」

と僕は休憩時間に隣に座った人に話しかけてみました。

「そうですよね。私もそれをどう書けばいいかわからなくてここへ来ているのに、ちっともそういうことを教えてくださらないんですよね」

40過ぎの女性です。趣味でエッセイなどを書いている人で、文章力もありました。

「感じたことというのは、喜怒哀楽ということでしょうか？」

「そうなんでしょうね」

「喜んだこととか、怒ったこと、哀しんだことなどを書けばいいってことなのでしょうが、そういう感情はいくつもあるもんじゃないですよね」

僕はそう言います。

「そうですよね。感情を羅列したって文章にはなりませんよね」

いつの間にか、僕と40過ぎの女性との会話に人が集まってきます。

「そうそう、感情を羅列したってつまらない文章になる」

初老の男性が言いました。

「俺もそう思う。つまらない文章を書きにきたんじゃない。もっとワクワクするような文章を書きたい」

30代の男性が言います。

「つまり、こういうことじゃないでしょうか」

僕は、長年蓄積してきた文章に対する持論を紹介しました。

「『悲しかった』という喜怒哀楽の部分を書く場合、悲しかっただけでは読者には何も伝わりません。だから、何がどう悲しかったのか、なぜ悲しかったのか、そうした状況を説明し、書き手の心情を表現しなければいけません。むしろ、『悲しい』という言葉を使わずに悲しかった心情を読者に伝えることではないでしょうか」

「そうですよね」

と40過ぎの女性は僕の意見に同意してくれます。

「凄いですね。そうですよね」

他の人も僕と同じ意見のようです。

「つまり、感じたことはたったひとつでいいんですよ。その感情を伝えるために、書き手は多くの言葉を費やすのではないでしょうか。そこには文章テクニックやレトリックも必要となるのだと思います。僕たちはむしろ、そういうことを教えてほしくてここへ来ているんですよね」

僕はそう言いました。

それ以上文章教室の講師を非難してはいけないと思い、その後、僕は口を閉ざしました。しかし、その文章教室への不満は消えません。

どうしてこんな教え方しかできないんだろう。僕はそう思いました。

いくつかの文章教室にも参加して調べてみました。参加者が戸惑うような教室がたくさんあります。

参加者の方々が文章嫌いにならないことを祈るばかりです。

☆話すように書けばいいって簡単にいいますけどねえ――

ある文章教室で、

「話すように書けば、誰だって簡単に文章が書けるようになる」

と講師が言っていたことがあります。

ところが、そう言われても参加者のペンはちっとも動いていません。むしろ戸惑っている人のほうが多いのです。

「話すように書けばいいって簡単にいいますけどねえ」

主婦が小さい声で言いました。

「むずかしいですよね」

と僕はその主婦に答えます。

多くの人は人前で話すことが苦手ですし、1対1でもうまく話せない人がたくさんいます。さらに、話すことができないから文章を書くという人もいます。話すこと自体が困難なのに、話すように書くことができるのでしょうか。そう簡単に書けるものではありません。

テープ起こしをした原稿を読むと、話題が錯綜していたり、同じ言葉をくり返していたり、とても読めたものではありません。話すように書いて、それをちゃんとした文章にするというのは、かなり高度なテクニックではないでしょうか。文章教室にはじめてきた人にそれができるとは思えないのです。

たしかに、話すようにスラスラと文章を書く人はいます。しかし、それは相当の文章修行を積んできた人です。それを初心者に押し付けると、よけいな混乱を招くだけではないでしょうか。

これは僕の持論なのですが、文章というのは算数と同じで、単純な足し算引き算からはじめ、何度もくり返し問題を解きながら、上へ行くのです。方程式や関数などたくさんのステップを経て微分積分などの高度な計算ができるようになるのです。

ですから、文章も5行詩や雑文など、短時間で書けるものからはじめ、連絡文や手紙、日記などを経て、エッセイやコラム、あるいは小説が書けるようになるのではないでしょうか。そのように段階をおった文章トレーニングが必要だと思うのです。

☆起承転結ってなによ？――

結論から先に言います。「起承転結」というのはほとんど役に立たないというのが僕の実感です。

文章教室で必ずといっていいほどカリキュラムのなかにあるのが「起承転結」ですが、実際に起承転結を活用して文章を書いている人が何人いるでしょうか。

「起承転結」とは、文章の構成法です。

たしかに単純な創作物には役立つかもしれませんが、説明文や実用文、雑誌のコラムや新聞記事、その他多くの文章には向きません。

もともと「起承転結」というのは、4行からなる漢詩の絶句の構成のことをいいます。1行目が起句で、続けて承句、転句、結句と呼びます。これを転じて、小説や漫画のストーリーを大きく4つにわけたときの構成を起承転結と呼ぶようになったのです。

じつは、この「起承転結」がもっとも適しているのは4コマ漫画です。それ以外は、これ以上使いづらい構成法はないと思うのですがいかがでしょうか。

たとえば、「大仏のある居酒屋」の紹介記事を起承転結の構成に押し込めて書いたらどうなるでしょうか。

起は、導入部ですから、どんな登場人物がいるのか、どんな情景があるのか、人物設定や舞台設定を説明します。その居酒屋には大仏があり、座席数２００席もある広い店内。そこに愛想のいい店員がきびきびと動き回っている。そんなことを書いていきます。

承は、起から転へとつなぐ部分ですから、起の部分で紹介した情景を少し進めるだけで、大きな展開はありません。「あの店に行ったということを自慢できるような店を目指しています」という店長のコメントなどを書きます。

転は、文章全体の核となる部分です。ヤマ場でもあり、中心メッセージでもあります。物語ならばいちばん盛り上がるところです。

居酒屋の紹介記事ならば、板前は赤坂の料亭で修業した人だという情報を盛り込んでみましょう。居酒屋の料理など少しバカにしていたが、この店の料理はバカにできない、といった盛り上がる逸話を挿入します。

結は、物語ならば最終的にどうなったかという結果です。オチといってもいいでしょう。コラムやエッセイだと「まとめの言葉」ということになります。
先の居酒屋の紹介記事ならば、安かろうまずかろうでは居酒屋は生き残れない、安くておいしい店だけが生き残れるのだ、というふうにまとめたらいかがでしょうか。
しかし、多くの人は、何が起になり、何が承になるのか、転では何を書けばいいのか、結はどうまとめればいいのか、なかなか理解できません。教える先生方も手探りの状態ではないでしょうか。

「起承転結を考えて書きましょう」

と言われても、自分が書こうとしていることの、どの文章が起になるのか、承になるのか、かなりわかりずらいのが現状です。

まずは、「起承転結」に適した文章と、そうでない文章があることを知る必要があります。
しかし、これはとても高度な文章テクニックなのです。もっと簡単な構成テクニックを学び、しっかりと身についた段階で「起承転結」を活用してみるべきではないでしょうか。

☆国語の勉強で読解力はほんとうに身につくの？――

いつも疑問に思っていました。国語の読解力テストです。「こんな問題をやって何の意味があるんだろう」そう思うのです。

たとえば小説の1シーンを題材にして、「主人公はこのとき、なぜ空を見上げたのでしょう。次の5つのなかからもっとも適したものを選びなさい」という問題があります。①空が青かったから。②いつもの癖だから。③妹と別れる悲しみをこらえるため。④空を飛ぶ飛行機を見るため。⑤妹が空を眺めていたから。正解は③なのですが、その小説の作者が言っていました。「この問題の答えは、すべて正解だ」と。

こんな問題をいくら正しく解いたからといって、読解力が身につくとは思えません。**実際、大学を卒業した人々の読解力がどのくらいあるでしょうか。人の話を聞いて、正しく理解できる社会人があまりにも少ないのには驚かされます。**

先日、有名私立大学を卒業したばかりの女性と一緒に仕事をしました。その女性の会社が大手クライアントからホームページ制作を請け負い、その制作のお手伝いを当社がすることになったのです。そこで、その女性と一緒に大手クライアントにどんなホームページを作りたいのかを聞きに行きました。

「いままでのホームページがこれなんです」

とクライアントの担当者が資料を開きます。文章がわかりづらいうえに、デザインもダサいということです。ホームページに訪問する人も少ないし、問い合わせのメールも来ない、これではホームページを作った意味がない、というようなことをクライアント担当者は言っていました。

「では、どのように変えればよろしいのでしょうか」

その女性はクライアント担当者に言います。担当者は社内で長い時間会議した内容を話します。社長の言葉や、専務の言葉、若手社員たちの意見などを話すのです。最後に担当者は自分の意見を述べます。約2時間話していました。

「あ、もうこんな時間だ。じゃあ、来週、提案してください。期待していますよ」

その言葉で話は終わり、僕らは会社を後にしました。

それから、その女性との打ち合わせがはじまります。まずはクライアント側の要望を整理する必要があるからです。その女性と僕は同席していたので、同じ話を聞いているはずです。なのに彼女は、「いったい何を聞いていたのだろう」と疑いたくなるほど、クライアントの要望を理解していませんでした。

一つひとつの言葉は克明にメモをとっていますし、記憶力もあるせいか、担当者の言葉はしっかりと覚えています。しかし、その底にある真意を読み取ることがまったくできていないのです。

読解力の問題だと僕は思いました。

学校の国語のテストはできても、実際の社会で必要な読解力がどれほど身についているのか疑問です。彼女ひとりでホームページを作成していたら、おそらくとんでもないものになるでしょう。もっともそれではクライアントが納得しないでしょう。

読解力というものが、社会に出るといかに大切か、僕はあらためて思い知らされました。

読解力を身につけるいちばんいい訓練法は、読んだ本の要約をすることです。本を読む時間がない場合は、テレビドラマや映画でもかまいません。そのストーリーや作者のメッセージなどを要約して人に伝える練習をすれば自然と身についていきます。文章トレーニングのひとつとして実践してみてください。

☆読書感想文にストーリーを書いたら叱られた――

読書感想文にストーリーを書いて、先生に叱られた経験はありませんか。僕はあります。

中学校の夏休みの宿題で、僕はスティーブンソンの『宝島』を読んで感想文を書きました。登場人物たちはみな魅力的ですし、ストーリーも面白い、ワクワクしながら読み終えました。読後の感想は「面白かった」としか言いようがありません。

それで、人物描写やストーリー展開などをそのまま感想文に書いたのです。

ジムの母親が経営していた宿にビリーという謎の人物が泊りにくるが、ある晩、喧嘩をして死んでしまう。ジムはビリーの持ち物のなかから宝島の位置を記した地図を見つける。宝島を探しに帆船ヒスパニオラ号が出航する。苦難の末、宝島にたどり着くが、内紛がありスモーレット船長以下ジムたちは大ピンチに陥る。ところが、この島に流されていたベン・ガンという男の活躍で海賊たちを倒し、宝を手に入れる。

最後は、「ああ、面白かった」とまとめたのです。

すると、この感想文を読んだ先生が、

「感想文ですから、本を読んだ感想を書いてください。これでは単なるストーリーの説明です」

と書き直しを命じるのです。

物語を要約するのがいけないのでしょうか。「ああ、面白かった」という感想だけでは不十分なのでしょうか。

子どものころのことですから、作者の意図を読み取ることはできませんし、ストーリーやエピソードのなかから思想や教訓を導きだすことはできません。

いまならば、

人生とは宝探しのようなものです。人の持っている宝を羨ましく思ってみたり、宝なんてどこにもないとあきらめてみたり、心の底では誰もが求めているのに、多くの人は自分自身の宝から目を背けています。宝を探す過程で、荒くれの海賊に命を狙われるかもしれないし、過酷な海と戦わなければいけないかもしれません。しかし、僕たちは、勇気をもって船出しなければいけないのです。

などと、気のきいたまとめ方ができるかもしれません。しかし小学生や中学生が、こんな人生を語るような文章が書けるでしょうか。

もしも、書きたいと思うのならば、常日ごろから人生や社会や家族、人間、世界、自然、平和といったことを深く思索する癖をつけておく必要があります。つねに考えているから、『宝島』という小説を読んだときに、そのことを関連づけて文章にまとめることができるのです。

つまり、読書感想文を上手に書くコツは、本を読んだあと友人や先生や両親とそのことについて議論することです。自分とは違った意見をもった人と議論してより深い考え方を見つけます。そして、その物語の主人公になりきったり、自分の人生や生活と比較したりしながら意見をまとめるのです。

学校の先生も、子どもに「ストーリーしか書いていない」と叱る前に、しっかり議論してほしいものです。

「あなたにとって宝とはどんなものかしら？」とか、

「あなたは冒険をしてみたいと思う？」

「なぜ、人間は冒険を求めるんでしょうね？」

そんなふうに少年の心を解きほぐしてくれる先生がいたら、どんなに幸せだったでしょうか。子どもの純粋な心に刺激を与えるような質問のできる先生を、現代の教育現場は必要としているのではないでしょうか。

☆国語教育ってこのままでいいの？――

算数が苦手な子どもの多くは文章問題でつまずいています。活字が並んだ問題を見た瞬間、頭の思考が停止するのです。理科や社会も、教科書のほとんどが文章で書かれています。文章のない教科書はありません。将来は、すべての教科書がペーパーレスになり、子どもたちひとりひとりにノートパソコンが支給され、音声と動画で勉強するようになるかもしれませんが、それでも知識の伝達手段の主役は文章なのです。文章が読めなければ、知識を吸収することも、思索して高次な真理を探究することもできません。

つまり、すべての教科のベースとなるのは国語力なのです。国語力が低いと算数や理科、社会の成績も低くなるというわけです。

国語力は、文脈を理解し思索する能力を養います。新しい情報を収集し分析することにも国語力は必要です。たとえば、先見力を身につけるには情報を集め、素早く理解し、分析することが必要です。国語力は先見力をつけることにもなります。

また、小説や詩を読むと人は感動します。哲学書や論文を読んで感動する人もいるでしょう。この感動する心が、自己変革を促します。「わかる」ということは変わるということです。感動し変革し行動が変わることで、はじめてわかったと言えます。つまり、国語力は自己変革力にもつながるのです。

さらに、国語力は他人を思いやる気持ちや想像力を養います。古今東西の文献を読むことで知識を広げ多くの知恵を学びます。国語力は人間力を養うことでもあるのです。

ところが、このいちばん重要な国語をおろそかにする人が多いのは残念でなりません。中学校や高校の国語の授業を思い出してみてください。あなたはどれほど真剣に国語を学びましたか？　英語や数学のように国語の学習にも時間と力をそそぎましたか？

学校の先生も国語の授業をどのように展開すればいいのかわからないのではない

でしょうか。答えを暗記し、マニュアルを忠実に実行することが求められた時代には、国語は漢字やことわざなどの暗記問題が中心でした。しかし、そうした教育が行き詰っているのです。

いま必要とされている人材とはどのようなものかを考えてみてください。記憶力が高く、従順に仕事をこなす人材を大量に育成して何ができるというのでしょうか。高学歴の優秀な人材を集めた大企業が大幅な赤字に転落している事実をみれば明らかです。

従来のやり方が通用しない時代です。通用しないどころか、古いやり方は邪魔になってしまいます。親の世代がつくり上げた社会に乗り、道を外れないように進むのではなく、前人未踏の荒野を切り開き、自らが道をつくらなくてはならない時代です。

そこで必要なスキルは、この先を見通す先見力と、自己を積極的に変えていく変革力、そして人を惹きつける人間力です。じつは、この先見力と変革力、人間力のベースになるのが国語力なのです。

本を読むこと、文章を書くこと、思索すること、そうした国語力がこれからの時代を生き抜くキーワードとなるでしょう。

☆教わったのは原稿用紙の使い方だけ――

主婦をしながらフリーライターを続けている人とこんな会話をしたことがあります。

「ライターになりたくて、文章教室に2年も通いましたが、ためになることは何ひとつありませんでした。ライターになれば家で仕事ができて楽だろうなと思ったのですが、現実はそう甘くないですね」

「ライターの仕事は取材や打ち合わせなど、外へ出ることが意外と多いんですよね」

僕はやさしく言いました。

「よくわからない分野の仕事がくるとなかなかうまく書けなくて大変ですし、締め切りに追われてストレスがたまってきます。そのうえ原稿料もよくないですしね」

「仕事があるだけでもいいじゃないですか。文章教室で勉強したおかげじゃないですか」

「正直言うと、仕事なんてちっともないんです。毎月、おこずかい程度の金額しかもらっていません。ファミリーレストランでアルバイトをしたほうがよっぽど儲かると思います」

「文章教室というと、受講料が高いんでしょ。2年も勉強して仕事にありつけないいんじゃ、もったいないですね」

と僕は少し同情的に言います。

「趣味の文章教室だと授業料はたいしたことないですけど、ライターになるという目的が明確な文章教室は安くないですね」

「何かメリットがありましたか？」

「横のつながりとか人脈ができたことと、卒業したら仕事を斡旋《あっせん》してもらえるということを期待して、みなさん続けているみたいです」

「人脈はできましたか？」

「いまでもメールとかくれる人がいますが、その人も主婦ライターとして頑張っています。でも、なかなか仕事にありつけなくて困っているみたいです」

「卒業したら仕事を斡旋してもらえるんでしょ？」

「たしかに斡旋はしてもらえるんですけど、続かないですよね。継続して仕事をもらえる人は一握りの人です。私のところにはなかなか回ってきません」

「そうなんですか。それじゃあ、文章教室に授業料を支払っただけですか」

「教わったことで、いまでも覚えているのは原稿用紙の使い方くらいです。それもほとんど役に立ちません。だって、プロのライターになったら、原稿用紙ではなく、メールで原稿を送りますからね」

と主婦ライターは苦笑します。

「その文章教室では、どんなことをしていたんですか」

「エッセイの授業では、エッセイの見本が配られて、それを読んで、エッセイとはどういう文章のことをいうのかという講義を受けます。それから、実際にエッセイを書きます。書いたエッセイを次の時間に先生が添削して返してくれます。論文やコラム、小説などの授業もそんな感じです」

「文章の構成とか、テーマ、テクニックなどは習わなかったのですか？」

「習ったような気がしますけど、重要視していませんでした」

「文章を書くうえで、何が重要だと教わりましたか？」

「ただひたすら書くことです。書かないかぎり上達しないと言われました」

たしかに書かないかぎり上達はしませんが、書き方をしっかり覚えなければ書けな

いのではないでしょうか。書き方も教えず、ただひたすら書けという指導はいかがなものでしょうか。

なんとか家計の手助けをしたいと思った主婦がライターになろうと決意したわけです。フリーライターならば、時間は自由になるし、好きな文章を書いてお金がもらえます。そのことが、文章教室の広告に書いてあったというのです。ところが、現実はそんなに甘くなかったと主婦ライターは言います。

しばらくたってから、その文章教室の先生に「プロのライターになるのは、そんなに甘いものじゃない」と言われたそうです。それで、主婦ライターはその文章教室を辞めました。

せっかく文章教室に参加したのに、この主婦ライターは肝心の文章力をほとんど身につけていません。ましてやライターとしての仕事ができるまで力がついていないのです。

文章というのは、まず書きたいという衝動がなければなりません。誰かに伝えたいという思いをもつことが文章を書くうえでの第一歩だと思います。それを最初に覚えなければいけません。

書きたいことが見つかったら、それをさらに深く思索すること、そのために情報を集めること、人の意見を聞くことなど、そうした思考パターンを身につけます。パターンさえ身につけてしまえば、どんなテーマにも応用できます。

ですから文章トレーニングでは、何より書きたいという衝動をかきたてることと、思考パターンを身につけることが必要で、それができてこそ文章テクニックや文法ルールなどの文章の書き方も生かされるのです。

さらに、自信をもてるような励ましも大切です。

☆添削指導しかしてくれない文章講座――

　ある有名な作家先生が講師をするという文章講座に参加したことがあります。その作家先生の名前があるせいか、高額な講座でしたが参加者は50名ほど集まっていました。僕はその作家の本を何冊か読んでいて感銘を受けていましたので、どんな講義をするのか楽しみでした。

　ところが、実際の講義は声が小さくて聞こえないし、自分の過去の自慢話ばかりで、肝心の文章作法についてては添削指導しかしてくれません。挙句の果てには、

「文章はひとりで書くものだ、人に教わるものではない」

と言うしまつです。

　講座では、生徒が書いた文章のコピーが配布されます。それを読みながら、この言葉は適切ではないとか、この「てにをは」の使い方はまちがっている、というふうに細かいチェックをするのです。延々とその添削に時間を費やします。

　参加者もいい加減うんざりして、

「添削指導ばかりだとつまらないですね」

と陰口を言う人がいました。

添削指導がいかに大事かを理解している僕でさえ、つまらないなと思いました。

僕には文章の師匠がいます。20代のころ、僕の書いた小説を師匠に見せると細かい部分で物凄く叱られました。

「お前の主人公は喫茶店に入るとコーヒーばかり飲むなあ。紅茶やココアなどはないのか、その部分で何回悩んだ？　もっと悩め、悩みが足りないんだ、お前は！」

原稿用紙を叩きながら叱責するのです。

「語尾が『だった』ばっかりじゃないか。少しは日本語の響きやリズムを考えろ！」

「逡巡するってどういう意味なんだよ。お前はこの言葉の意味をわかって使ってんのか？」

厳しく言われました。師匠は、重箱の隅をつつくように、小さなミスを指摘して激怒します。なぜこんな小さなことにそんなに怒るんだろうと思いました。

ところが、いまでは叱られたことが財産になっています。

なぜならば、文章を書いているときに、叱られたことを思い出すからです。たしか、

「が」と「は」の使い方の違いを教わったなとか、「だった」が続くとまた師匠に叱られるなとか、文章を書いている途中で師匠の声を思い出すのです。たぶん、優しく言われていたら、思い出すこともなく同じまちがいをくり返すことでしょう。それでは、いつまでたっても文章がうまくなりません。

添削指導に時間をかける有名な作家先生は、そういうことが言いたかったのかもしれませんが、そのことは残念ながら文章講座の参加者には伝わっていませんでした。ですから、毎月の講座の参加者はだんだんと減っていきました。

添削指導というのは、文章の完成度を高めるためには重要なことだと思います。しかし、それはある程度文章が書けるようになってからやるべきことではないでしょうか。添削指導の前にやるべきことがいっぱいあるのです。

最初にやるべきことは、何を伝えるのか、そのメッセージ性にこだわることです。文章テクニックや文法ルールなど最初の段階では無視してもかまいません。誤字脱字などはあとでいいのです。

完成度は高いけれども何のメッセージ性も感じさせない文章と、誤字脱字は多いけれどメッセージ性があって心にビンビン響く文章では、どちらの文章を読みたいですか。もちろん、後者の文章ですよね。まずは、自分のなかにあるメッセージ性を磨くことです。

では、メッセージ性を磨くにはどうすればいいのでしょうか。

誰かに何かを伝えたいというものがなければメッセージなど生まれてきません。自分が何者で、どこから来て、どこへ行こうとしているのか、社会にどんな影響を及ぼそうとしているのか、それをじっくりと考えてみることです。その思索が文章のクオリティーを決めます。

自分自身のことをしっかりと思索することができれば、他のテーマにぶつかったときも案外簡単にできるものです。いうなれば、板前さんがキャベツの千切りや大根のかつらむきをするようなものです。基本の切り方を身につけておけば、西洋野菜や中国食材がやってきても包丁を入れることができます。

それと同じように、文章を書く人は、まず自分自身のことを思索してみることです。それが基礎となります。その基礎ができたら、どんなテーマがやってきても上手に書くことができます。

たとえば、僕は一時期グルメライターをやっていたことがあります。主に飲食店の紹介記事を雑誌に書いていました。そのときは、飲食店の良し悪しはどこで決まるのかを思索しました。その基準を自分なりにもとうと考えます。お店を取材するときも、店長に

「飲食店の良し悪しってどこで決まるんでしょうね」

と質問したりしました。

この店は料理に対してどんな考え方をもっているのだろうか、この店はお客とどう接しているのだろうか、この店は何がやりたいのだろうか、そんな疑問が次々と浮かんできます。そしてその疑問を直接お店の人にぶつけてみたり、雑誌の編集者に尋ねてみたり、自分なりに思索してみたりしました。他人の話を聞き、仲間と議論し、資料や本なども読みあさり、自分の思索を深めていきます。そうやって、僕はお店の紹介記事を書いてきました。

そんな作業ができたのも、結局は自分自身というものをつねに思索していたからです。

板前さんの基礎は、包丁を磨くこと、キャベツを千切りにすること、魚を三枚おろしにすること、魚を焼くこと、野菜を煮ることなどです。そうした基礎をしっかりと

身につけた板前さんと、基礎をいい加減にしてしまった板前さんとでは、料理の味はまったく違います。

文章においても基礎が大切です。それは読むこと、書くこと、考えることです。この基礎がしっかりとできていれば、どんなテーマを出されても文章を書くことができます。

そのなかでも考えることは、いちばん重要です。考える頭ができていなければ書くことができないからです。考える頭をつねに鍛えることを習慣づける必要があります。

考えることの基礎は、次の3つがあげられます。

1つは「自分への探究」です。自分は何のために生きているのか、自分は何がしたいのか、自分は何者なのか、そのことをつねに考えるようにすると思索する姿勢が身についてきます。

2つは「他人への配慮」です。こんなことを言ったら、あの人は傷つくのではないか、あるいは、こんな文章を書くと消費者団体から苦情がくるかもしれない、マイノリティの人々はどう思うだろうか、そうした配慮をする姿勢を身につけることです。

3つは「疑問への追求」です。まず何ごとにも疑問をもつことです。そして、その疑問をそのままにしないことです。本を読んだり、人に質問したりして、疑問を解決することと、そうした習慣を身につけることです。

読むこと、書くこと、考えること、この基礎ができて、はじめてどんな文章でもスラスラと書けるようになるのではないでしょうか。

〈コラム3〉文章が伝えるのは言葉だけではない

ホラー小説『キャリー』でデビューし、『ショーシャンクの空に』『グリーンマイル』など大ヒット作を書いた作家スティーブン・キングは、その著書『小説作法』（アーティストハウス）のなかで「文章はテレパシーである」と言っている。書き手が目の前のウサギを見ながら文章を書くと、そのウサギがどんなウサギなのか、読み手にちゃんと伝わる。

写真や映像のように伝えることはできないが、これだけは伝えたいと思う肝心な要素は伝わる。読み手は書き手とはまったく違う場所にいて、生きる時間も違う。それなのに、書き手の発信したメッセージを読み取ることができる。スティーブン・キングはこれこそテレパシーだという。

ところがテレパシーとは、特別な道具を使うことなく、遠隔の者と交信する能力のことをいう。すると、本という道具を使うのはテレパシーとはいえない。文章を書いてそれを印刷し本にするわけだから、たとえ書き手と読み手が時間と空間を超えて交信できたとしても、それはテレパシーとはいえないだろう。

僕が思うのは、文章はテレパシーではなくデジタル放送だということだ。文章はアナログ放送ではなく、デジタル放送である。

たとえば、映画のテレビ番組の場合、アナログ放送だと映画がただ放送されるだけだが、デジタル放送だとその映画のあらすじや俳優の名前、監督のコメントなどもチェックすることができる。

それと同じく、文章が送るものは言葉だけではない。言葉と言葉の間にあるもの、文の底に秘沈しているもの、あるいは行間からにじみ出てくるものがある。それは、書き手の心だ。

書き手の心はいくら隠しても読者には見える。それは言語を超越したものである。まるでデジタル放送で裏情報を入手するように、読者は書き手の心を読み取ってしまうのだ。

傲慢な人が書いた文章は、その傲慢さが匂い立っている。怒りっぽい人の文章は、怒声が聞こえてくる。高尚な言葉を使ってみたり、美辞麗句を並べてみたりしても、書き手の心は読者に見破られてしまうのだ。

だから、文章を書く人は、つねに心を磨いておく必要がある。心を磨くために、僕の師匠は「愛をもって書きなさい」と教えてくれた。

登場人物を愛すること、読者を愛すること、そして、その作品を愛すること。それを胸に抱きしめていまも僕は執筆している。

たとえば、文章のなかに憎たらしい人物が登場したとする。そんなとき、ついつい憎しみや怒りをその人物にぶつけながら書いてしまうものだ。だが、最後にはその人物の言い分を書いてあげたり、その人物の幸せを祈ってあげたりするのが愛情だと思う。

読者を愛するとは、読者の声を聞くことだ。僕の場合は、もっとものわかりの悪い読者と心の中で会話しながら書いている。「こういう表現をしてみたいんだけど、理解できるかなあ」とか「ごめん、ここはむずかしい言葉を使うけど、しばらく我慢してね」などと実際につぶやくこともある。まるでそこに読者がいるように、心のなかで会話するのだ。まるで読者とテレパシーで交信しながら書いているようなものである。

作品を愛するとはどういうことか。それは、その作品を書くためにどれだけ時間とお金と体を使ったかである。たとえば、横浜の山下公園が舞台に登場したとする。図書館へ行けば山下公園の資料は手に入るだろう。本屋へ行けば地図などは簡単に購入できる。お金をかけなくても、インターネットで検索すれば山下公園の地図も写真も訪れた人々の感想までも手に入る。

しかし、プロの書き手はあえて山下公園まで足を運ぶ。山下公園までの電車賃や食事代など、お金と時間を費やしてどれほどの情報が手に入るだろうか。情報量に関してはインターネットのほうが多く入手できる。それでも一流の書き手は現場に足を運ぶ。それは、そこへ行かなければわからない実感が手に入るからだ。

そして、何よりももっと大切なことが手に入る。自分の足で歩き、汗をかいて現場にたどり着き、その場の空気を吸い、風を感じ、香りをかぐ、そのことでいちばん大切なものが手に入るのだ。それは、書き手自身が体を動かすことで、その作品を愛しはじめるということである。

ステップ4

1日たった15分、10日続けるだけでスラスラ書けるように

□1行も書けなかった小学6年生が一気に書きはじめた――

僕が塾の講師をしていたころのお話です。小学生のクラスでは算数と国語を、中学生のクラスでは数学を担当していました。

僕はそのころから小説を書いていて、塾長から「文学青年君」と呼ばれていました。僕の受け持ちクラスに中学受験をひかえた小学6年生の女の子がいました。「何がなんでも有名私立中学に入りたい」と本人も母親も言うのです。しかし、その女の子の算数の成績はまるでお話になりません。目指す私立中学に合格できるレベルではありませんでした。

母親は僕に何かあると「うちの娘をよろしくお願いします」と言ってきます。プレゼントを贈ってきたりもしました。

塾長に相談すると「あれじゃあ、子どもがかわいそうだ。無理して受験させる必要はない。今度、母親に言ってやる」と言います。しかし、塾長が言っても母親は聞く耳をもちません。なんとか補習をやってほしいというのです。

僕は釈然としないまま、日曜日にその女の子のために補習を行なうことにしました。女の子は遊びたいはずなのに、素直に塾に来ます。おとなしい子で、どことなくオドオドしています。僕は、この女の子の望みを叶えてあげたいと心から思いました。

女の子の弱点は文章問題です。「速さと時間と距離の問題」「2つの食塩水を混ぜると何%の食塩水になるかという問題」など、4年生レベルの問題がまったくできません。女の子にいくら説明しても理解しないのです。

そこで僕は指導方法を変えてみました。算数ではなく国語を教えてみたのです。しかも作文を教えてみました。

「いちばん好きな人に手紙を書いてみようか」「5年後の自分にメッセージを書いてみようよ」「たった5行でいいから詩を書いてみないか」と作文を促すのですが、女の子はまったく書きません。言葉がひとことも出てこないのです。

いつも下を向いていて、無口で、何か質問してもひとことも答えられず顔を赤くするような女の子でした。自分の意見を口にすることもなければ、態度や仕草で表現することもありません。人間ですから怒ったり喜んだり、嫌だと思うこともあるはずです。

「好きな食べ物は何?」と尋ねても、

「……」何も答えません。

僕はキュンと胸が締め付けられるような思いがしました。この女の子が可哀そうでならないのです。親の期待にこたえるために必死で頑張ってる女の子、友だちと遊ぶ時間をけずって勉強する女の子、親に誉めてもらおう、母親に喜んでもらおう、もっといい子になろう、そう思って懸命に自分を殺している、僕にはこの子がそう映りました。

「何を恐れてるの?」と僕は聞いてみました。

「中学受験で失敗してお母さんを悲しませるのが怖いの?」僕がそう言うと、
女の子は黙ってコクリとうなずきます。

「君は君の人生を歩めばいい、君らしく生きていけばいいんだよ」

「……」

「人間はね。大樹と同じで、ほおっておけば大きく育つんだ。何も我慢することもないし、何も頑張る必要もないんだ。やっと芽が出た双葉を踏んづけたり、ロープでしばったりするからうまく育たないだけだ。君は君のままでいい。変わろうなんて思わなくていい。気張る必要もないし、頑張る必要もないんだよ」

女の子はキョトンとしています。僕は小学生にはちょっとむずかしすぎたかなと思いました。

「そうだ、今日は、先生と失敗ゴッコをしよう！」

「……」

「失敗だよ。う〜んと失敗しようよ。人生、失敗したっていいんだよ」

そう言って、僕は算数のテスト用紙を女の子の前で破りました。女の子は目を見開いて驚きます。

僕たちは小さいころから「失敗してはいけない」と教わります。テストでもミスをすると減点されます。しかし本当に失敗してはいけないのでしょうか？

もちろん取り返しのつかない失敗はありますが、たいがいの失敗は許されるものです。

「いいから、君もやってごらん」

なかなか破ろうとしない女の子に「さあ」と僕はうしろから手を添えてテスト用紙を破ってみました。

「いいから、さあ。どんどん破っちゃおうよ」

僕は言い、職員室からいらなくなったテスト用紙をいっぱいもってきました。女の子もやっと自分でテストを破りはじめます。僕と女の子はふたりで夢中になってテスト用紙を破りました。

僕は時折、「算数なんて大嫌いだ！」とか「理科なんかこの世からなくなってしまえ！」とか「英語の先生、ごめんなさい！」などと、心に浮かんだ言葉を叫びながら破りました。

女の子の頬に笑顔の光がさしてきます。

「ほら、君も何か言ってごらん」

何も言おうとしない女の子に「ほら」と促しました。

女の子はテスト用紙を破る手を一瞬止めて、ぼそりとつぶやきます。

「お母さん、ごめんなさい」

その後、僕は女の子にとっておきの文章テクニックを教えました。わずか15分ほどのレクチャーで女の子はスラスラと書けるようになりました。これには僕も驚きです。

僕は毎週日曜日の補習でしばらくの間、作文指導もすることにしました。毎回15分だけ文章を書くトレーニングに時間を費やしました。すると、女の子の算数の成績もグングン伸びていったのです。

1行も書けなかった小学生が、文章をスラスラと書けるようになった究極の「文章テクニック」とは、単純なテクニックなのです。誰でもすぐに身につけることができます。それは、「ストーリー仕立てで書く」というテクニックです。

□「ストーリー仕立てで書く」テクニック――

▼1日目の15分トレーニング／昼食をストーリー仕立てで書いてみる

このテクニックを使えば、文章が面白いように書けるようになります。10枚でも100枚でも、好きなだけ書けるのです。他にもいっぱい文章テクニックはありますが、まずはこの「ストーリー仕立てで書くテクニック」を身につけてください。

このテクニックはひとことで言うと「出来事を起きた順に書く」ということです。時間をおって一つひとつ思い出しながら起きたことを書いていきます。ごく簡単なテクニックです。

登場人物がいて、その人物が何をしたのかを記述すれば、それだけでストーリーになります。人物は僕や私といった一人称でもかまいませんし、固有名詞や彼女や彼といった代名詞でもかまいません。その人物が目を覚まして、顔を洗い歯を磨く、そのあとに朝食をとる。そんな出来事を時系列で書いていくわけです。

ときには無駄と思えるようなつまらない事柄でも書いていきます。たとえば、その人物が朝食で何を食べたのか、トーストなのかご飯なのか、食後はコーヒーを飲んだのか、フレッシュジュースだったのか、カップを右手で持ったのか両手で持ったのか、そんなことを克明に書くのです。そうすることで、臨場感が生まれ読者をその文章に引き込むことができます。

どの程度克明に書くかは、ノリのいいところでかまいません。さらりと流して書いてもいいのです。


彼女は東北・仙台で生まれ、高校を卒業すると同時に上京した。専門学校へ入るためだ。そこで写真の勉強をし、カメラマンを目指す。しかし芽が出ないまま

30歳を迎える。六本木の飲食店で働きながら写真を撮り続けたが、どうやら自分には才能がないということを自覚する。むしろ食べ物関係の仕事のほうが自分に向いていると思い、独立の開業資金を貯めることを決意した。36のとき、彼女は新宿で自分の店をもつことができた。

このように36年間の半生を一気に書いてしまうこともできます。これもストーリーです。彼女という人物が何をしたのか、時間をおって順々に書いてあります。

登場するのは人物でなければならないというルールはありません。秋の木から落ちる枯葉の様子を秒単位で描写してもいいですし、骨董品《こっとうひん》の壷がたどった数奇な運命を記述してもかまわないのです。

ストーリー仕立てで書くことにより、読者はそのことを深く胸に刻みます。むずかしい概念を容易に理解することもできるでしょう。感動や驚きや喜びといった感情を与えてくれるのもストーリーの力なのです。

ためしに今日の昼食での出来事をストーリー仕立てで書いてみてください。僕は今日ひとりでひやむぎを食べましたので、そのことをストーリー仕立てで書いてみましょう。

ひとりの部屋で僕は空腹を感じた。何を食べようか。涼しさを感じる麺類がいい。とにかく、鍋に水をいっぱいに張る。それをガスコンロにかけて火をつけた。都市ガスの匂いがする。水が沸騰するまでの間、僕はパソコンの前に座った。インターネットでスポーツニュースをチェックする。夏の高校野球の試合が気になったからだ。

広島の代表校は2回戦を12対1の大差で勝っていた。少し気持ちがすっきりする。僕はいまは東京の世田谷に住んでいるが、広島出身である。だから、いまでも高校野球では広島の代表校を応援してしまう。

あ、お湯っと思った。

ガスコンロにかかった鍋は、まるで別府の地獄めぐりのように煮立っている。ブクブクという音が聞こえた。今日のお昼はひやむぎである。僕は鍋に塩を放り込み、そのあとにひやむぎを2束入れた。

夏はやはりひやむぎである。そうめん派かひやむぎ派かと聞かれたら、迷わずひやむぎと答える。そうめんには何度も嫌な思いをさせられたからである。僕は何度やってもそうめんを上手にゆがくことができないのだ。どろどろとした団子のようなそうめんができるのである。

おっと危ない。そろそろひやむぎを火から下ろさなければならない。コンロのそばに寄ると熱かった。

僕はひやむぎをざるに移し、水道水をぶっかける。水の中でサッと洗い、氷を入れる。つゆにわさびと花かつおを入れて食べた。わさびのツンとした辛さとかつおの甘さが口に広がった。

いかがでしょうか?

「今日のお昼、ひやむぎを食べた。おいしかった」とたった1行で終わってしまうことを、ストーリー仕立てで書くと、臨場感のある面白い文章になることがおわかりいただけたでしょうか。

これにならって、今日のお昼ご飯をストーリー仕立てで書いてみてください。これが1日目の15分トレーニングです。

▼2日目の15分トレーニング／語尾に変化をつけてみる

昼食をストーリー仕立てで書くことができるようになったら、その文章を推敲《すいこう》してみましょう。推敲の第一歩は語尾に変化をつけることです。

先述の文章を見てください。1文たりとも同じ語尾が続いた部分はないはずです。

ひとりの部屋で僕は空腹を感じた。何を食べようか。涼しさを感じる麺類がいい。とにかく、鍋に水をいっぱいに張る。それをガスコンロにかけて火をつけた。都市ガスの匂いがする。水が沸騰するまでの間、僕はパソコンの前に座った。インターネットでスポーツニュースをチェックする。昨日の高校野球の試合が気になったからだ。

「感じた」「食べようか」「麺類がいい」「張る」「つけた」「する」「座った」「する」「からだ」というふうに、同じ語尾が続かないように工夫してあります。同じ語尾が連続するのも2回なら許せますが、3回以上続くと文章のリズムを損ないます。プロの書き手がいちばん気にするのは、じつはこの語尾の使い方なのです。

語尾には「だった・である」調と「です・ます」調の2つの文体があります。「だった・である」調は説得力があり格調高い雰囲気をだすことができます。男性的な文体だといえるでしょう。一方「です・ます」調は親近感がわく穏やかな雰囲気をもつ女性的な文体だといえます。

語尾に変化をつけるという点では「だった・である」調のほうがはるかに書きやすいといえます。それは、語尾のバリエーションが豊富だからです。「だった・である」調の場合、語尾は「だ」でもいいし「した」でもいい、「なのだ」「あった」「いた」「ある」「する」などいろんな語尾が使えます。

ところが「です・ます」調の場合は、語尾のバリエーションがあまりありません。「です・ます」調だと書きづらいという書き手もいますが、理由はそういうことだったのです。

文体のこうしたメリットとデメリットをわかったうえで執筆する必要があります。ためしに、1日目に書いた文章の語尾を同じ語尾が続かないように書き直してみてください。

こうした語尾の変化について学ぶのが2日目のトレーニングです。

▼3日目の15分トレーニング／5W1Hを入れて書いてみる

1日目はストーリー仕立てで書くということで、時間をおって起こったことを順番にそのまま書いてもらいました。見本の文章を真似て書いた方も多いかもしれません。

2日目はその文章に語尾の変化をつけましたが、3日目はその文章のなかに5W1Hを入れるように心がけてみてください。先にも説明しましたが、念のために5W1Hとは次のようなものです。

・いつ（When）
・どこで（Where）
・誰が（Who）
・何を（What）
・なぜ（Why）
・どのようにして（How）

じつは、先述の昼食の出来事の文章にもちゃんと5W1Hが入っています。

・いつ（When）

「夏の高校野球」、「今日のお昼」といったキーワードでいつなのかがわかります。

・どこで（Where）

「ひとりの部屋で」とちゃんと明記してあります。

・誰が（Who）

「僕は」と言ってありますので、すべて僕のことを言っているのだということがわかります。

さらに、僕はどんな人間なのかというと、東京の世田谷に住む広島出身の人間であることや、そうめんよりもひやむぎが好きであることが記述してあるのです。また、僕という表現から、この登場人物は男であることが推測されます。年齢や職業はわかりません。もっとスペースがあれば、ぜひそのへんの人物像を描写するようにしてください。

ストーリー仕立てで文章を書く場合、登場してくる人物に関する情報を盛り込むことはもっとも重要なことです。読者は、どんなことよりも人間に大きな関心を寄せます。ですから、文章のなかに出てくる人物が男なのか女なのか、どんな職業をしていて、どんなことで悩んでいるのか、そういうことを知りたいと思うのです。それをちゃんと書いてあげることが重要となります。

・何を（What）

「ひやむぎをつくって食べた」「インターネットで高校野球の結果を調べた」という部分が何をにあたります。

・なぜ（Why）

なぜひやむぎを食べたのか、その理由は、空腹を感じていたからです。さらに、そうめんよりもひやむぎが好きだからです。そうめんよりもひやむぎが好きな理由も明確にしています。

さらに、インターネットで高校野球の結果を調べたのは、登場人物である僕が広島出身で広島代表校の試合結果が気になったからです。

文章にはこのなぜを書く必要があります。

・どのようにして（How）

鍋に水を入れて、ガスコンロにかけ、沸騰する間はインターネットをしながらひやむぎをつくりました。ひやむぎをゆがいたら、ざるに移し、水道水で洗って氷をいれます。そして食べたのです。

そうしたことが、文章のなかに書いてあります。

あなたの書いた文章のなかに、５Ｗ１Ｈが抜けていたら、その抜けている部分を加筆してみてください。それが３日目のトレーニングです。

▼４日目の15分トレーニング／５感で書いてみる

出来事というのは、登場人物の動作や起きた現象です。とくに人物の動きは克明に記述していきます。先述の文章でも動作が中心になっています。

「鍋に水をいっぱいに張る」「ガスコンロにかけて火をつけた」「水が沸騰するまでの間、僕はパソコンの前に座った」「インターネットでスポーツニュースをチェックする」といった文章はすべて動作です。動作をひとつひとつ書いていくのが、ストーリー仕立てで書くテクニックの基本です。

しかし、動作や現象ばかりを記述しても、読み手はあきてしまいます。

そこで、５感を使って書くということを勉強してください。５感とは次のようなものです。

・目に見えるもの
・耳で聞こえるもの
・鼻でかぐ匂い
・肌で感じる感触
・舌で味わうもの

先述の文章にも5感で書いた文が挿入してあります。

「ガスコンロにかかった鍋は、まるで別府の地獄めぐりのように煮立っている」（目に見えるもの）
「ブクブクという音が聞こえた」（耳で聞こえるもの）
「都市ガスの匂いがする」（鼻でかぐ匂い）
「コンロのそばに寄ると熱かった」（肌で感じる感触）
「わさびのツンとした辛さとかつおの甘さが口に広がった」（舌で味わうもの）

5感を刺激する文章が入っていると、読者の心の深い部分を振るわせる効果があります。それは、人間の感情が5感と直結しているからです。痛いと肌で感じる感触が怒りという感情につながっています。人に殴られ、痛いと感じるからその殴った人を憎んだり、怒りの感情が生まれたりするのです。鼻でかぐ匂いや舌で感じる味などは食の快楽を想起させてくれます。

文章を書くときには、つねに5感を刺激することを忘れないでください。4日目のトレーニングは5感で書くということです。1日目のトレーニングで書いた昼食の出来事にも5感を刺激するような記述を加えてみてください。

▼5日目の15分トレーニング／心のつぶやきを挿入して書いてみる

ストーリー仕立てで書いた文章の語尾を整え、5W1Hを盛り込み、5感を刺激するような表現を加えたら、次は心のつぶやきを挿入してみましょう。人前では決して言えないようなことや、誰もが思っているようなことなどを書いてみるのです。

先述の文章のなかにも心のつぶやきが挿入してあります。

「何を食べようか」「涼しさを感じる麺類がいい」「あ、お湯っと思った」「おっと危ない」

こうした言葉が心のつぶやきです。

文章のなかに心のつぶやきがあると、読者はその文章にのめりこんでいきます。共感をうながし、親近感が生まれるからです。

空腹なとき、誰もが「何を食べようか」と悩むはずです。悩んだ経験のない人はいないと思います。誰もが経験していることを自分の心のつぶやきとして挿入すると、読者の共感を得やすくなります。

「あ、お湯っと思った」とか「おっと危ない」などと口語体で書いた言葉にふれると、読者の心に親近感がわいてきます。

では、ここで宿題です。

今日、出会った人物をストーリー仕立てで書いてみてください。いつ、どこで出会ったのか、その人物はどんな人なのか、男性か女性か、性格は？　仕事は？　年齢は？　外見は？　そのときあなたはどんな言葉を心のなかでつぶやいたのか、それをストーリー仕立てで書いてみてください。それが、5日目のトレーニングです。

▼6日目の15分トレーニング／会話を挿入して書いてみる

ストーリー仕立てで書く場合、欠かせないのが会話文です。

6日目のトレーニングはストーリー仕立てで書く文章のなかに会話文を挿入することです。

会話文を書くときには、いくつかのテクニックがあります。

ひとつは、誰がそのセリフを言ったのかを明確にすることです。

「」のうしろに誰々が言った。とか、誰々が語った。と明記します。

また、誰々がこう語った。とか、誰々がこのように述べた。と前置きして「」をつけるなどして、誰のセリフかを明らかにします。

セリフを言った人物の動作を「」のあとに描写することで誰が言ったのかを明確にする方法もあります。

誰のセリフかを明確にする方法は無数にありますので、小説を読んでいろんなパターンを仕入れてみてください。

また、セリフにはいろんな型があります。

・セリフで状況を説明するパターン

セリフのなかに5W1Hを盛り込むことで状況を説明するのです。地の文で状況を長々と説明していると読者は飽きてしまいますが、セリフでやると案外読んでくれます。


「今日は何の日だっけ」

姉がとぼけて言う。

「え、忘れたの？　私の誕生日でしょ。覚えててよ」

妹はちょっと怒って言った。

「嘘よ、忘れてなんかいないわ。5月3日、あなたの12回目の誕生日」

「覚えていてくれたのね」

「あたりまえじゃないの。おめでとう。あ、そこの醤油《しょうゆ》とってくれる」

「はあい」

妹は素直に醤油を姉に渡す。妹は何かを期待している。だが、姉からはその期待していたものは出てこない。

「サッサと朝ごはんを食べてちょうだい。片付かないでしょ。お母さんとお父さんは出かけるんですからね」

母親は綺麗《きれい》に髪をセットしていた。母親も何も手にしていない。

「私が後片付けしておくから大丈夫よ。今日は夫婦でお芝居見物でしょ。行ってらっしゃいな」

と姉が言った。

「ねえ、みんな何か忘れていませんか？」

妹が眉をひそめて言う。

「え？　何を？」

姉がとぼけて言う。

「何かしら？」

母親はすでにイヤリングを耳につけているところである。

キッチンに父親が入ってくる。

「おい、これ何だ？」

父親は小箱を手にしていた。

「もう、お父さんたら、いま持ってきちゃ駄目じゃないの」

姉が笑いながら言う。

母親が父親から小箱を取り、妹に渡す。

「はい、お誕生日おめでとう」

セリフだけでできた小話ですが、状況がちゃんと把握できるように書かれてあります。5月3日の朝の出来事です。

妹は12回目の誕生日を迎えます。しかし、家族の誰もプレゼントを渡す気配がありません。ちょっと心配になる妹ですが、お父さんが小箱を持ってきます。じつは、それがプレゼントだったのです。きっと、妹を驚かす演出を母親と姉が考えていたのでしょう。

セリフで状況を説明すると臨場感がわいてきますし、読者を引き込むことができます。ぜひ試してみてください。

・心理とは逆のことを言ってしまうパターン

「ねえ、あなた彼のこと好きなんでしょ」

「好きなわけ、ないでしょ」

「嘘よ、嘘。好きだって、顔に書いてあるわ」

「何言ってるのよ。あんな奴、大嫌いよ」

「じゃあ、これ彼の写真。破れる?」

「え? や、や、破れるわよ」

「じゃ、破ってみてよ。破れないくせに」

「何よ、あんな奴、破ってやるわよ」

「さあ、早く破ってみてよ」

「あっ」

「どうしたのよ、手が震えて落としちゃった?」

「そんなことないよ」

「強がり言うのはやめなさい。もっと素直になりなよ」

「強がりじゃないもん。あんな奴なんか踏んづけてやる!」

「写真を踏んでどうするのよ」

「嫌いなんだもん、あんな奴、大嫌いだもん!」

「何度も踏まないでよ。わかったわよ。あなたの気持ちはよくわかったわ」

いかがでしょうか?

シナリオのようにセリフだけ書いてみました。人物の描写も説明もありませんが、年ごろの女の子がふたりで男子のことを話題にしている状況が見えてきませんか。一方の女の子は彼のことを大嫌いだと言いますが、嫌いだと言えば言うほど、好きだと言っているように聞こえます。

このように心理とは逆のことをセリフで言わすことで、印象深いものになるのです。

・かみ合わない会話のタイプ

「ねえ、恵子さん、ちゃんと話してくださいな」

奈々子は友人として気がかりだった。もしも恵子が永野のことを好きなのであれば、どんなことをしてもその恋を成就してあげたいと奈々子は思うのである。

「おいしいハーブティーがあるのよ」

恵子は席を立ち、キッチンへ向かう。

「話をはぐらかさないで、本当の気持ちを教えてちょうだい」

「すぐにお茶を入れるわね」

「永野先生のこと好きなんでしょ」
「カモミールは精神安定の効果があって、気持ちが落ち着くのよ」
「ねえ、永野先生もあなたのことを気になる女性ですって言ってたわよ」
「あ、お湯が沸いたわ」
「あなたさえＯＫすれば、２人は結ばれるのよ」
「ね、いい香りがしてきたでしょ」

こんなふうにどこまでいってもかみ合わない会話があります。会話をわざとかみ合わなくさせることで、登場人物の心理状態を見事に描くわけです。「永野先生のこと好きなんでしょ」と聞かれて「はい、好きです」と答えてしまったら、それで会話は終了してしまいます。単純な受け答えほどつまらない会話はありません。多少、かみ合わないくらいがちょうどいいのです。

それでは、会話文の入った文章を書いてみてください。

ためしに、家族団らんの風景を描写してみましょう。例文を書いてみましたので参考にしてください。団らんといっても愛と笑いに満ちた家族ではなく、お互いに傷つけ合ってばかりの未熟な人たちの集まりです。少し長いですが、会話の挿入方法を確認しながら読んでいただければと思います。

私は女子中学生であり、高校入試という大きな悩みがある。だが、さらに大きな悩みが私を押しつぶそうとしている。それは母の存在だった。

私の母はいつも怒っている。癇癪《かんしゃく》を起こして怒鳴り散らすかと思えば、貝のように口を閉じて私を睨《にら》みつけたりする。父と母はいつも喧嘩《けんか》をしている。喧嘩といっても大声で怒鳴りあったり物を投げたりはしない。黙って相手を睨むだけである。1カ月間、無視し続けることもあるのだ。

もちろん挨拶などしないし、笑うこともない。重苦しい空気が2LDKの狭いマンションを支配する。学校から帰ると私は毎日、母の仏頂面と対峙しなければならない。できることなら母と会話をしたくない。ひとこと会話をかわしただけで嫌な気持ちになるからだ。

ところが、どうしても母に話さなければいけないこともある。

「ただいま」

私は誰に言うともなくつぶやく。

母はリビングで通販雑誌に目を落としている。母は洋服や生活雑貨を毎月20万円近く通販で購入する。そのほとんどが、使われることなく物置の奥で眠っていた。

「お母さん、お金」

私はつっけんどんに言う。

「……」

母は通販雑誌から目を離そうとしない。

「家庭科部の部費がいるの。お金ちょうだい」

「そんなお金なんかないわよ」

面倒くさそうに母は言う。

「使いもしない雑貨を買うお金があるじゃないのよ！」

私はつい強い口調になった。

「え？」

母が顔を上げる。明らかに怒りをたたえた表情である。

「あなたにいくらかかってると思うのよ。中学2年生のくせに携帯電話を持って一人前にメールなんかして、毎月いくら通信費の請求が来るか知ってるの？　塾だって休んでばかりだし、エレクトーンだって買ってあげたのに、ちっとも練習してないじゃないの！」

母は激昂して言う。いきなり喧嘩ごしだった。

「稼いでるのはお父さんじゃない。あんたは家でゴロゴロしてるだけじゃないの」

私は母のことを「あんた」と言った。

「生意気なことを言うんじゃないの！」

「もういい！」

私は自分の部屋に逃げた。4畳半の小さな部屋である。ラジカセでブルーハーツのCDをかけた。音が洩れると母親が怒鳴り込んでくるのでヘッドフォンで聞いた。大音量で聞いていると涙があふれてきた。

9時を回ったころ、おなかがすいたのでキッチンに行ってみる。食事の用意は何もしてなかった。母だけひとりでハンバーグを食べたようだ。流しに汚れた食器と冷凍ハンバーグの袋がころがっていた。

冷蔵庫のなかのちくわを持って自分の部屋へ戻る。ベッドの上でちくわをかじった。

深夜11時ころ、父が帰ってくる。父は真っ先に私の部屋へ入ってきた。

「お寿司買ってきたけど食べるか？」

「うん」

私のベッドの上に父と娘が並んでお寿司を食べた。

「お母さんの機嫌はどうだ？」

「別に」

私は母の話題がでることが不愉快だとでもいうように冷淡に答えた。

「お前までお母さんの真似をするなよ」

「でも」

「まあいいよ。お寿司、食べな」

父はネクタイを外して肩にかける。しばらく私の横顔を眺めて父は部屋を出て行った。私の横顔を眺めながら父は何を考えていたのだろう。母といがみ合ってばかりの毎日をどんな思いで過ごしているのだろうか。家族とは無理解者の集まりなのか。仲良くできないのは、何が原因なのだろうか。私にはわからない。

別に母と仲良くするつもりはないが、母の性格が良くなれば仲良くしてあげてもいいと思う。たぶん、それは不可能だろう。母の性格が改善されることはないからだ。

ただ、母といがみ合うことで、私の性格までもゆがんでいくような気がして、それが心配なのである。母に睨まれると、私も同じように睨み返してしまう。母が怒鳴ると、私も怒鳴ってしまうのだ。まるで復讐《ふくしゅう》をするみたいに、私は母にされたことをやり返している。

そのことで、私自身がどんどん嫌な人間になっていくような気がする。もしそれが嫌ならば、侮蔑《ぶべつ》の目で睨む母と接しても、仕返しを考えず平穏であることを選択するしかない。母の怒りに触れても、私は怒り返してはいけないのだ。

私の心のなかには笑顔の太陽をつねに輝かせていなければいけない。仕返しをしてはいけないし、復讐を考えてもいけないのである。それは大変なことだ。自分との戦いでもある。

克己心という言葉があるが、怒りや憎しみ、妬《ねた》み、蔑《さげす》みといったマイナスの感情を相手に返さず、自分のなかで終了させるには大変な努力が必要だ。しかしその努力のできる人が真の幸福をつかむのかもしれない。私にそれができるだろうか。自信はない。

父の父、つまり私の祖父は広島生まれで、戦争に行ったという。生前の口癖は「仲良うしんさいよ」である。人が仲良くするということは、克己心をもった強い人間になれ、ということかもしれない。

いかがでしょうか。会話文が入ると説得力が増しますし、書き手の伝えたいことがわかりやすくなります。臨場感もあります。会話文が入っていると、文章に引き込まれていくと思いませんか。

会話文はどんな文章にも挿入できます。上司への報告にお得意先担当者の言った言葉を挿入すれば、より伝わる文章になるのです。チラシなどの広告にも会話文を入れることはできます。学術的な文章やレポートなどにも著名人の発言や、象徴的な会話を入れることは可能です。

あなたの書く文章に会話が挿入できないかどうか考えてみてください。たったひとことでもかまいません。会話のある文章は読みやすくなりますし、何よりも魅力的な文章になるのです。

▼7日目の15分トレーニング／説明文を挿入して書いてみる

じつはストーリー仕立てで書かれた文章をよく見ると、描写部分と説明部分があることがわかります。5W1Hや心のつぶやき、動作、5感といった表現方法で書いている部分が描写文です。映像が目に浮かんでくるように書いてあります。

一方、説明部分では、現在どういう状況になっているのかを説明したり、その人物がどういう人間なのか、たとえば年齢や性別、出身地、性格などを書いたりします。また、人間関係や過去の確執を説明する場合もありますし、そこにある家具に関する説明をする場合もあります。

次の文章は僕自身の「修学旅行の思い出」をストーリー仕立てで書いたものです。どこが説明文になっているかチェックしながら読んでみてください。

11月の朝、僕たちは東京駅に集合し新幹線に乗った。小旗を持った旅行代理店のお姉さんが注意事項を説明しているが僕らの耳には何も入っていない。なぜならば、これから向かう修学旅行への期待で胸がいっぱいだったからだ。

僕たちは中学2年生である。修学旅行のコースは京都、奈良、大阪だった。京都も奈良もあるのはお寺ばかりである。中学2年生がお寺に行って何を学ぶというのだろう。僕らには退屈でしかない。だが、この修学旅行にはメインの楽しみがあった。それは大阪、ユニバーサルスタジオ・ジャパンである。すでに行った経験のある人も何人かいるみたいだが、僕はまだ行ったことがない。

「とうとうその日が来てしまいましたなあ」

友人の義弘君が言う。

義弘君は僕と同じクラスで、成績も優秀である。歴史が得意で、ときどき歴史的人物になりきって天下国家を語ることがあった。「このままでは、日本はつぶれてしまうぜよ」と坂本竜馬になったつもりで言ってみたり、「パンがなければケーキを食べればいいじゃないの」とマリー・アントワネットになりきることもある。色白で手足の細長い男の子だった。

「来てしまいましたなあ」

と僕は答える。

引率の先生が大声を張り上げている。そろそろ出発らしい。制服を着た修学旅行の一団が東京駅の新幹線改札口を入っていく。

「いざ鎌倉ですな」

歴史好きな義弘君がおどけて言った。

「鎌倉ではなくて、行き先は京都ですぞ」

エスカレーターに乗り、新幹線のホームへたどり着く。僕らが乗ったのは『のぞみ12号博多行き』だった。僕と義弘君は隣の席だった。他の席の人たちはシートを回転させて4人の対面シートにしていたが、僕たちは2人席のままにした。うしろの席の女子もそのほうがよさそうだった。

新幹線がいよいよ動きはじめる。まるで線路の上をすべるように走る。僕の胸がドキドキしてくる。新幹線ははじめてではないが、義弘君やクラスの人たちと一緒に乗るのははじめてである。このドキドキはいたるところで僕の胸を襲った。最初にやってきたのは、小田原を過ぎて右手に富士山が見えたときだ。富士山の雄姿を眺めたとき、僕はしばらく口をぽかんと開けていた。

小説『宮本武蔵』に富士山の景色を眺めるシーンがある。武蔵は弟子を連れていて、その弟子にこう言うのだ。

「あれになろう、これになろうと、ふらふらせずに、まずは富士山のようなどっしりとした人間になれ！」

富士山は僕に笑いかけているようにも見えるし、厳しく諭しているようにも見える。謎めいた表情を見せる富士山であった。まるでこれから始まる大ハプニングを予言しているようでもあった。


この文章で説明文の部分はゴシックになっている3箇所です。

では、あなたも旅行の思い出をストーリー仕立てで、とくに描写文と説明文を織り交ぜることを心がけて書いてみましょう。

▼8日目の15分トレーニング／喜怒哀楽を表現してみる

ストーリー仕立てで書くといっても、文章量が制限されている場合は、その範囲内で書き終えなければいけません。また、たった3分の出来事を描くのに原稿用紙を10枚も20枚も費やしていると、ストーリー全体の文章量が多くなりすぎて最後まで読んでもらえないかもしれません。

たとえば、こんな調子で朝の出来事を延々と書いていると、いつまでたってもストーリーは終わりません。

朝7時に男は起きた。7時半に家を出れば間に合う。男は歯を磨く。歯磨き粉は知覚過敏症に効くものを使っている。歯ブラシにその白い粉をつけ、磨いた。口のなかに薄荷の匂いが広がる。白い歯磨き粉の泡を吐き出す。うがいをし、顔を洗った。

鏡を見る。ここ1週間でずいぶんと年老いた気がする。じっと自分の顔を見る。鏡のなかの自分は何も語ってはくれない。

キッチンのテーブルには今日の新聞がある。

「あなた、早くしないと遅れますわよ」

「うん、わかってる」

この文章では、歯を磨くことや、歯磨き粉が知覚過敏症に効くものであるかどうかといったことは、はしょってもいいのではないでしょうか。あなたはどう思いますか？

もし朝の風景をさらっと流すのであれば、「男は、朝7時に目を覚まし、30分後には家を出た」と1行の文章で終わります。さて、上記の文章は、そのようにさらっと流していいものでしょうか？

その場面を細かく書くか、さらっと流すかの基準はどこにあるのでしょうか。じつは、ポイントは喜怒哀楽にあります。喜怒哀楽とは「喜び」「怒り」「哀しみ」「楽しみ」のことです。つまり、感情や心が大きく揺れ動いたときのことをいいます。苦しくて悲しくて涙を流したとき、あるいは、嬉しくて歌いだしたくなったときなど、感情があふれたりしぼんだりしたときのことです。そういうときを細かく描写します。それ以外の部分はさらっと流すのです。

もしも次のような場面だったら、1秒1秒を細かく描写するべきです。男は若き経営者で会社がとんでもない不正をやってしまいました。検察から訴えられています。男はその日の朝、マスコミの前で記者会見をしなければいけないのです。

そういう緊迫した日の朝であれば、１秒１秒を細かく描写すればより効果的になります。朝、何を食べたのか、妻とどんな会話をしたのか、何気ない会話でも、その日の会話は記述するに値するのです。

それでは課題です。あなたが最近、ムカついた瞬間を、例文を参考にしながら細かく描写してみてください。それが８日目のトレーニングです。

正直、ムカついた。新宿の家電量販店でのことである。日曜日の午後だ。店内は客であふれていた。俺は６８０円のＣＤ－ＲＯＭを購入したくてレジ前に並んだ。レジは10台もあるのにすべて行列ができている。

俺のうしろ、つまり最後尾に若いカップルが並んだ。ディズニーランドのアトラクションにでも並ぶように楽しそうだった。アイポッドのイヤフォンを片方ずつ男女が耳に当てて遊んでいる。二人の頬が触れ合うほど接近していた。見つめ合って微笑んでいる。その笑顔が俺を苛立たせた。

俺の前に並んだ男は大きなリュックを背負っている。リュックにはアニメの缶バッジがいくつもついていた。秋葉原をうろついていそうな20代の男であった。その男がときおり体の向きを変えるのである。そのたび、その男の背負ったリュックが俺の肩に当たる。おまけに汗っぽい悪臭も匂う。その男はリュックが俺に当たっていることに気づいていない。その無神経さに腹が立つ。

もっとも俺を腹立たせるのは遅々として進まない行列である。俺は680円のCD‐ROMが欲しいだけなのだ。レジでピッとやってお金を支払えば、ものの15秒もかからないはずである。なのに俺は何分待てばいいのか。

そんなことを考えていると、行列が半歩だけ動く。前の男のリュックが迫ってくる。

「うっとうしいんだよ」

と俺は小さな声で言ってみる。前の男には聞こえていないようだ。俺はリュックに手をかけて横へずらした。男はそれでも気づかない。鈍感な男だ。

俺はそのとき、信じられない光景を目にした。それはレジを打っている店員たちである。ひとつのレジに2人ずつ配置されており、10台のレジに合計20人の店員がいる。その店員が全員のんきに談笑しながら仕事をしているのである。手の動きも遅い。

さらに「ポイントカードの入会はまだですか?」などと時間のかかることを客にすすめているのだ。

「な、なんじゃ、そりゃ!」

と俺は思わず口に出てしまった。

仕事、する気があんのか!

待っている客の身になって考えんかい!

俺は怒りに身が震えている自分を抑えることができなかった。

▼9日目の15分トレーニング/自分のメッセージを挿入して書いてみる

文章はなぜ書くのか? それは誰かに伝えたいメッセージがあるから書くのです。その伝えたいメッセージが抜けていては、文章の目的を達成していません。ですから、必ずどこかにあなたのメッセージを挿入しなければいけないのです。

いままで例文としてあげた文章には一見すると何のメッセージも盛り込んでないように思えますが、じつはちゃんと入っています。どこに入っているのかというと、それは行間に入っています。先の『修学旅行の思い出』という文章ならば、僕がワクワクドキドキしながら旅行に行ったことを伝えたかったのです。感動したことや嬉しかったことは、誰かに聞いてほしいじゃありませんか。

子どもがその日あった出来事を母親に夢中で話すようなものです。僕の場合、そんなことがメッセージになっています。

だいたいメッセージとはいったい何でしょうか？

「日本は都道府県制を廃止して道州制にするべきだ」という提案がメッセージになることもあるでしょう。「当社の製品はどこよりも素晴らしいので、ぜひ買ってほしい」というメッセージもあるでしょう。ときにはお説教であったり、ときには懇願であったり、売込みであったりもします。

提案やお説教や懇願はかなりストレートなメッセージです。わかりやすい反面、読者の拒否反応もストレートに現われます。

ストレートなメッセージではなく、書き手のメッセージを文章の底に秘沈させる場合もあるのです。たとえば「僕はあのとき、とても悲しくて泣きたい心境だった。そのことをぜひわかってほしい」というメッセージを誰かに伝えたいとします。しかしそのことをストレートに言ってしまうと「何だこいつ、しみったれた男だな」と思われるかもしれませんし、変な誤解を招くかもしれません。

では、どうすればいいのでしょうか?

ひとつの方法として、ストーリーのなかで読者に疑似体験してもらうという方法があります。書き手が経験したことと同じ体験をしてもらい、「どうですか、この人はこんな辛い思いをしたのですよ」と語りかけるわけです。

井伏鱒二の『黒い雨』は、強力なメッセージを秘めた小説です。戦争の悲惨さや残酷さを声高に叫んだりしません。主人公も脇役も、戦争については反対もしませんし賛成もしません。主人公の女性は何も言わずに耐えています。

当時の広島では、被爆した女性は結婚できません。長生きできませんし、子どもを産んでも障害がある可能性が高いからです。ですから、適齢期を迎えた女性は、被爆していない証拠を示さなければなりません。小説のなかでは主人公の女性の叔父が日記を記して被爆していないことを証明しようとします。主人公の女性は広島に原爆が落ちたとき広島市内にはいませんでした。そのことを何とか証明しなければいけません。しかし、女性は原爆投下後の黒い雨に打たれています。そして、物語の後半で、女性は発病しました。

「戦争は絶対にやってはならない」とか「核は廃止するべきだ」といったストレートな言葉はひとことも言っていません。しかし、沈黙を守りひたすら耐えている女性の姿は、戦争の酷さを雄弁に語っています。

誰に何を伝えたいのか、自分のメッセージを見つめ直してみてください。あなたがメッセージを伝えたい相手は誰ですか。それはどんな内容ですか。生きているかぎり、メッセージは必ずあるはずです。原始時代の人間は、「恐竜が襲ってくるぞ。危ないから逃げろ」というメッセージを身振り手振りで仲間に伝えたことでしょう。無人島に漂着した人は、瓶のなかに「助けてくれ」というメッセージを入れて海に流すはずです。「自分はここで生きている」というメッセージを発信してもいいと思います。

9日目のトレーニングは、そうしたメッセージを見つけだし文章に挿入することですが、ここで忘れてはならないことがあります。ストレートなメッセージは読者に受け入れられないということです。あなたの伝えたいことは、ストレートに発してしまうとかえって伝わりません。ここがむずかしいところです。

文章を書くうえで、メッセージは絶対にもたなければいけません。しかし、それを発言してはいけないのです。自分の伝えたいことを言う前に、読者が何を求めているのかを考えなければいけません。その読者ニーズを満足させてあげることが先決なのです。読者ニーズを満足させることのできない文章は誰も見向きもしないでしょう。

自分のメッセージと読者ニーズと、どちらを優先させるべきか、僕は多くの書き手と議論してきました。結論は出ていません。ただ、僕は読者ニーズを優先するべきだと思っています。それは次のような理由からです。

「三車火宅の譬え」という仏法説話があります。

ある町に、古い大邸宅に住む長者がいました。その大きな家に突然、火事が起こります。長者は無事に家の外へ逃げましたが、家の中にいる子どもたちは、遊びに夢中になったままです。

四面から迫りくる大火。逃げ道は狭い門一カ所だけで、しかも子どもたちはその場所を知らない。このままでは命を落としてしまう！　事態は一刻を争っています。

「早く出なさい！」

父である長者は叫びます。ところが、火に焼かれるという意味も知らず、走りたわむれるままの子どもたち……。

長者は、一計を案じて、子どもたちに、

「お前たちが欲しがっていた羊の車、鹿の車、牛の車が門の外にあるよ。早く家から出なさい」

と呼びかけます。

すると子どもたちは、先を争うように燃えさかる家から走り出てきました。こうして子どもたちは救われます。

「早く約束の車をください」

という子どもたちに、長者は、羊の車、鹿の車、牛の車よりはるかに勝る「大白牛車」を与えます。

これが「三車火宅の譬え」という有名な譬喩《ひゆ》です。お釈迦さまは、この話を通して弟子の舎利佛《しゃりほつ》に、たとえ真実の法を説いたとしても相手が理解しなければ相手の苦しみを取り除くことはできないのだということを教えました。

ちなみに、燃えさかる火の中で事態を飲み込めず現状に〝安住〟していることを「火宅」といいます。世の中にはこの「火宅の人」があまりにも多いようです。

何か文章を書こうとしたとき、このお話を思い出してください。

まずは、自分のメッセージを見つけます。そして、そのメッセージが文章の核となります。その文章の核をそのまま表現するのではなく、相手に合わせて理解できる言語と物語で伝えるようにするのです。

長者が「お前たちが欲しがっていた羊の車、鹿の車、牛の車が門の外にあるよ。早く家から出なさい」と呼びかけたように、読み手が共感するようなことを書くのです。「早く出なさい！」とストレートに叫んでみたところで、相手には伝わりません。伝わらなければ、火宅のなかにいる子どもたちは死んでしまいます。どんな手段を使っても（この説話の長者は嘘をついています）伝えなければいけないのです。ですから、読者ニーズをつねに最優先するべきだと僕は思います。

では読者は何を求めているのか？

文章を読んで落ち込みたいという読者はいないはずです。文章を読んで叱られたいと思う人もいません。そこで、読者が求めていると思われることをまとめてみました。

・見たことも聞いたこともない話
・おやっと思う言葉（名言など）

・普通の人が気づかないこと
・「へえっ」と思える知識
・斬新なアイデア
・びっくりする話
・別角度の視点
・役立つ情報
・感動する話
・得すること
・笑える話
・泣ける話
・その他

あなた自身がどんな文章を読みたいかを考えてみてください。それが読者の求めているものです。まずは、それを先に書くことです。あなたのメッセージが上手に表現できているかを問う前に、あなたの文章を読んで相手が喜んでくれるかを問うべきです。読み手が喜んでいなければ、どんな名文でもあなたのメッセージは決して伝わりません。反感をもたれるか、無視されるかのどちらかです。

喜びが伝わると、喜びが返ってきます。そのことを信じて喜びを伝える文章を心がけてください。

▼10日目の15分トレーニング／時代性のあるテーマを盛り込んで書いてみる

その時代が抱えているテーマがあります。マスコミなどで連日取り上げられる社会問題です。赤子をせっかん死させてしまう母親とか、親を刺殺した子どもなど、家庭崩壊のニュースが連日報道されています。働かない、勉強しない、訓練しない若者が急増しているというニュースもあります。すぐにキレてしまう子ども、自分の置かれている状況が正しく認識できない人たち、やる気を失ったビジネスマン、自殺をする中年男性など時代の抱えるテーマはたくさんあります。

そうした時代のテーマを文章のなかに盛り込んで書いてみると、その文章にいろどりが増します。時代性という魅力的な服を着ることができるのです。その服は読者を振り向かせる力となります。

9日目までのトレーニングでいくつか文章を書いてきましたが、そのなかに時代性のあるテーマを盛り込んで書き直してみましょう。それが10日目のトレーニングです。たとえば、先の例文のひとつ「ムカついた話」の後半に時代性のあるテーマを盛り込んでみます。挿入箇所はわかりやすいようにゴシックにしてあります。

俺はそのとき、信じられない光景を目にした。それはレジを打っている店員たちである。ひとつのレジに2人ずつ配置されており、10台のレジに合計20人の店員がいる。その店員が全員のんきに談笑しながら仕事をしているのである。手の動きも遅い。

その社員たちから、やる気というものがまったく感じられない。ニートとは仕事もしない、勉強もしない、トレーニングもしない若者のことをいうが、仕事はもっているが、ちゃんと仕事をしない連中のことを何と言うのだろう。

さらに驚いたことがある。「ポイントカードの入会はまだですか？」などと時間のかかることを客にすすめているのだ。

「な、なんじゃ、そりゃ！」

と俺は思わず口に出てしまった。
仕事、する気があんのか！
待っている客の身になって考えんかい！
俺は怒りに身が震えている自分を抑えることができなかった。

ニートという時代のテーマを盛り込んでみました。テーマを盛り込むといっても、この程度で抑えておく必要があります。ニートについて作者はこう思うとか、ニート対策はこうあるべきだといった主張をすると墓穴を掘ってしまいます。そういう主張には必ず反論が出てくるからです。

読者が「それは違うよ」と反感をもってしまったら最後まで読んでくれなくなります。よしんば読んでくれたとしても、その主張に対する反感だけが残ってしまうでしょう。そうなると本来伝えたいと思っていた作者のメッセージが伝わらなくなります。

あなたがニートに関する主張を文章に書き入れるのならば、事前に反論を予想してその答えを書く必要があります。そうなると長い文章になってしまい、結局ニートに関する文章になってしまいます。

この文章は、もともとニートのことを書こうとしたわけではありません。単にムカついたことをストーリー仕立てで書いただけです。そのストーリー仕立てで書いた文章に時代性のあるテーマをふりかけ程度に付加しただけなのです。ちょっと盛り込んだだけですが、この文章に少し広がりが出てきたと思いませんか。

時代性のあるテーマを盛り込むのは文章への最後の味付けです。ちょっとコショウを振りかける程度でいいのです。それだけで、あなたの文章に思いも寄らぬ広がりをもたらしてくれるでしょう。

▼毎日の15分トレーニング／日記を書いてみる

ストーリー仕立てで書くというテクニックを本当に身につけるには、何度も書いてみる必要があります。つまり、毎日反復練習をするということです。年に1回作文するくらいではいつまでたっても文章力は身につきません。身につくまで集中して何度も書くことです。

そこでおすすめなのが日記を書くことです。インターネットで公開するとコメントをもらえる可能性もありますから書いていて楽しいものです。僕がいつもやっているのはメーリングリストです。ブログだとなかなかコメントはもらえませんが、メーリングリストならば参加者の誰かがコメントをくれます。これが案外楽しいものです。毎日の日記をワクワクしながら書くことができます。

そこで日記の書き方を簡単に説明しておきます。

①感じたことや思ったことを書こうと思わないこと

感じたことなどはひとことかふたことで終わりなのです。それを書こうとすると1行も前に進むことができません。ですから、感じたことを書こうなどと思わないことです。では何を書くのかというと、ストーリー仕立てで書くテクニックを思い出してください。その日に起きたことを順に記述していけばいいのです。

朝起きて、歯を磨いた。朝食は食べずに会社へ行く。朝の会議に遅刻。課長に叱られた。午後は商談で株式会社○○へ行く。▽▽主任と約1時間話をする。世間話の域を出ない。これが僕の日常。

そういうふうに行動の記録を淡々と綴っていけばいいのです。文章もうまく書こうと思わないほうが楽しく書けます。そのうち欲がでてきて、その▽▽主任の容姿や性格、年齢などを細かく書いてみたり、思い出のエピソードを書いてみたり、書きたくなるものが自然とあふれてきます。

その日起きたことを順に書く。このことを淡々と続けていけば、知らないうちに文章力が身についていきます。

②文章の長短にこだわらないこと

日記をつけるとき、長い文章を書こうと思う必要はありません。たった2行で終わる日があってもいいのです。興奮して10ページも20ページも書いてしまうことがあるかもしれません。書きたいと思えば書けばいい、書きたくなかったら書かなければいいのです。

長くてもいいし短くてもいい、自分のペースで日記を書いてみてください。

③ネガティブなことをポジティブに書いてみる

反省するために日記をつける人がいます。「今日遅刻した。やっぱり私って駄目な女」とか「ああ、俺ってなんでこうなんだ」とか「僕は何をやってもドジばかり」と自虐的な日記を好んで書く人がいます。これでは書いていても暗い気持ちになるばかりですから、辞めたほうがいいと思います。

　遅刻したら、「明日からは早く行こう」。俺ってなんでこうなるのかと思ったら、「これからはこうしよう」。自分はドジばかりふむ人間だと思ったら、「今度は上手にやってやる」と書けばいいのです。

　日記に書くということはそれを肯定することになりますから、ネガティブなことを書いてしまうと「駄目な女」「ドジな男」のまま日々を送ることになってしまいます。

④日記に書いたことは現実となる

「思考は現実化する」ということをご存知ですか。マーフィ博士の言葉です。考えたことが現実になるのですから、日記に書いたものは当然現実になると思いませんか。

「明日は遅刻しないようにしよう」と書いたら、翌日か、その次か、そのまた次の日くらいには遅刻せずに行けるようになります。

「僕は漫画家になる。そのために明日これをする」というふうに日記に書いて宣言していたら、その人は本当に漫画家になるでしょう。そう思いませんか?

　日記って、そんな凄い力をもっているのです。そう思って書くと、日記をつけるのがワクワクするでしょ！

⑤日記をつけるメリット

日記は夢を実現してくれます。それ以外にも日記には次のようなメリットがあります。

- **自分を客観視できる**
- **記憶力がよくなる**
- **観察力がつく**

これはいちいち説明するよりも、実際に日記を書いてみて実感してください。自分を客観視できるようになると、行動や言動が変わってきます。自分のことを客観視できるようになると、感情の高ぶりで行動したり自分のわがままで人生の進路を決めたりしません。冷静に考えて選択するようになります。

記憶力も観察力も日記を書いているうちに「ああ、身についてるな」と気づくものです。

よかったら今日から日記をつけてみてください。

□準備を怠るな——

文章を書くことの大半は準備の時間に費やされます。準備もなしに文章を書くことはできません。準備がいかに大切かということを理解するために、次のエピソードをまずしっかりと肝に銘じてください。

彫り物名人の左甚五郎《ひだりじんごろう》にこんな話があります。

甚五郎が上方を旅行していたときのことです。甚五郎はお金がなくなり、泊まることも食事をすることもできなくなりました。

ボロ服を着て街をうろついていると、ある大工の棟梁《とうりょう》と出会います。

「お前さん何ができるんだね」

この棟梁のところには仕事がたくさんあって人足を探していました。棟梁は甚五郎の身なりを見て建設現場で荷物運びくらいならできるだろうと考えます。

「へえ、あっしは大工の経験がございます」

と甚五郎は言います。甚五郎といえばもとは大工です。彫り物では国宝級の作品を残していますが、若いころは大工をしていました。

「そうか、それはよかった。ぜひうちに来てくれ。腕のほうはたしかかね」

「大工の腕は、日本じゃ、あっしの右にでる人物はいないでしょうなあ」

「おお、そうか、それくらいの気概がなきゃいかんな」

と棟梁は大喜びです。まさか目の前の人物が左甚五郎とは知りませんから、威勢のいい人足が見つかったくらいに思っていました。

「給金はいくらにするかなあ」

「そうですなあ。思い切りまけて5つにしておきますかね」

「え、5つ？　それじゃあ、若頭と同じじゃないか。若いもんから苦情がでるぞ」

「そうですか、じゃあ、その若頭とあっしとどちらが上か試してみればようござんす」

ということで、若頭と甚五郎が板のカンナがけでどちらが早いかを競うことになりました。1日で何枚の板が仕上がるかという競争です。

「いいか、ただ早いだけじゃ、子どもだってできるんだ。綺麗に削らなきゃいけない。わかるな」

大工の棟梁は若頭と甚五郎に訓示します。

「へぇ」

「ようござんす」

若頭も甚五郎も了解しました。若頭は毛むくじゃらの大男です。腕は熊のように太くて、力がありそうです。10枚や20枚はあっというまに削ってしまいそうな感じがしました。

一方、甚五郎は小男で、腕も細いうえに、ここ2、3日ろくなものは食べていません。腕に力が入りそうもないのです。

「両者、はじめ」

棟梁の掛け声で、若頭は「よっしゃ！」と気合を入れてカンナをかけはじめます。

ところが甚五郎は、

「申し訳ないが、食事をさせてもらえないだろうか」

と言って、試合中なのに食事に行ってしまいます。食事が終わっても甚五郎はカンナがけをしようとしません。

「おまえさん、早くしないと負けてしまうぞ。何をやってるんだ」

「へえ、準備をしております」

甚五郎にとって食事も準備のうちなのです。食事のあとはカンナの刃をとぎはじめました。甚五郎は午前中いっぱい砥石でカンナの刃をとぎ続けます。

若頭はすでに板を10枚削りあげていました。誰もが甚五郎の負けだなと思います。

日が沈みかけたころです。甚五郎がやっと立ち上がりました。といだ刃をカンナにはめ込み、カンナの尻をトントンと叩きます。刃がまっすぐに入ったことを確かめ、荒板に向かいます。そして、2枚の板を一気に削りあげました。

若頭は30枚、甚五郎は2枚です。勝敗は決まりです。

「ちょっと待っておくんなさい。そちらの板は全部不良品ですぜ」

甚五郎は言います。荒く削った板は表面がでこぼこで塗りものもうまくできませんし、見た目も手触りもよくありません。

「そんな板は便所の壁にはなっても、屋敷には使えませんぜ」

甚五郎の削った2枚の板は、重ね合わせると、ピタリとくっついて離すことができません。表面が滑らかで1点のくぼみもないからです。大の男が5人がかりでも離せませんでした。それがどんなに凄いことか、大工の人々にはわかっています。そこにいた大工たちは、甚五郎の仕事の見事さに目を見張ります。誰もが甚五郎の勝ちを認めました。
名人といわれる人は準備に時間をかけるのです。
文章を書くときの準備が面倒臭いと思ったら、この話を思い出してください。

□マインドマップを活用する――

〈書くための準備〉
・連想するキーワードを書き出す
・他人の意見を聞く
・自分の考えをまとめる

文章を書くときの準備として何をすればいいかをまとめると、この3点になります。

たとえば、「修学旅行の思い出」というテーマで文章を書く場合、連想されるキーワードをノートにすべて書き出してみます。僕の文章スクールでは、マインドマップを描くように指導しています。

マインドマップというのは『ドラゴン桜』という漫画で紹介された「記憶ツリー」のようなものです。『ドラゴン桜』は、落ちこぼれ高校生たちが東大合格を目指して猛勉強するというストーリーですが、そのなかで記憶力を飛躍的にアップさせる方法として活用されたのが「記憶ツリー」です。

この「記憶ツリー」は、記憶しなければいけない言葉をツリー（木）のように枝葉を伸ばして書き込んでいくという、従来とは違ったノートの取り方です。ポイントはキーワードを関連づけるということです。

トニー・ブザンという人がこれを「マインドマップ」と呼び、脳を開発するトレーニングとして提案しています。

トニー・ブザンは「マインドマップを描く習慣を身につければ、十倍も百倍も頭がよくなる」と言っています。脳細胞は、何億という細胞が互いにシナプスを伸ばして結び合っています。1本の神経でつながっているわけではないのです。ましてや、箇条書きのように分断されているわけでもありません。

ひとつの脳細胞から何本ものシナプスが伸び、それが立体的につながっているのです。マインドマップは、その脳細胞の様子をそのままノートに再現します。マインドマップを描くことで、脳細胞で起きていることを視覚に訴え、イメージや画像として印象づけるのです。それが脳を活性化させ、いままで眠っていた潜在能力が活発に動きはじめます。アインシュタインやレオナルド・ダ・ヴィンチらも、偶然ですが、マインドマップを描いてものごとを考えていたそうです。

僕は、このマインドマップを文章を書くときに使っています。文章を書く準備としてマインドマップを描くと文章がスラスラと書けるようになりますし、頭脳明晰になっていくから不思議です。実際にマインドマップで文章を書いていく手順を説明します。

〈マインドマップの上手な活用法〉

①連想するキーワードを書き出す

7日目の15分トレーニングのところで取り上げた「修学旅行の思い出」を例にして説明しますと、まずは修学旅行に関するキーワードをマインドマップに描いていきます。木の幹を描き、枝が伸びていくように関連するキーワード書き出します。ここで注意していただきたいのは、文を書くのではなくキーワードを書き出すということ

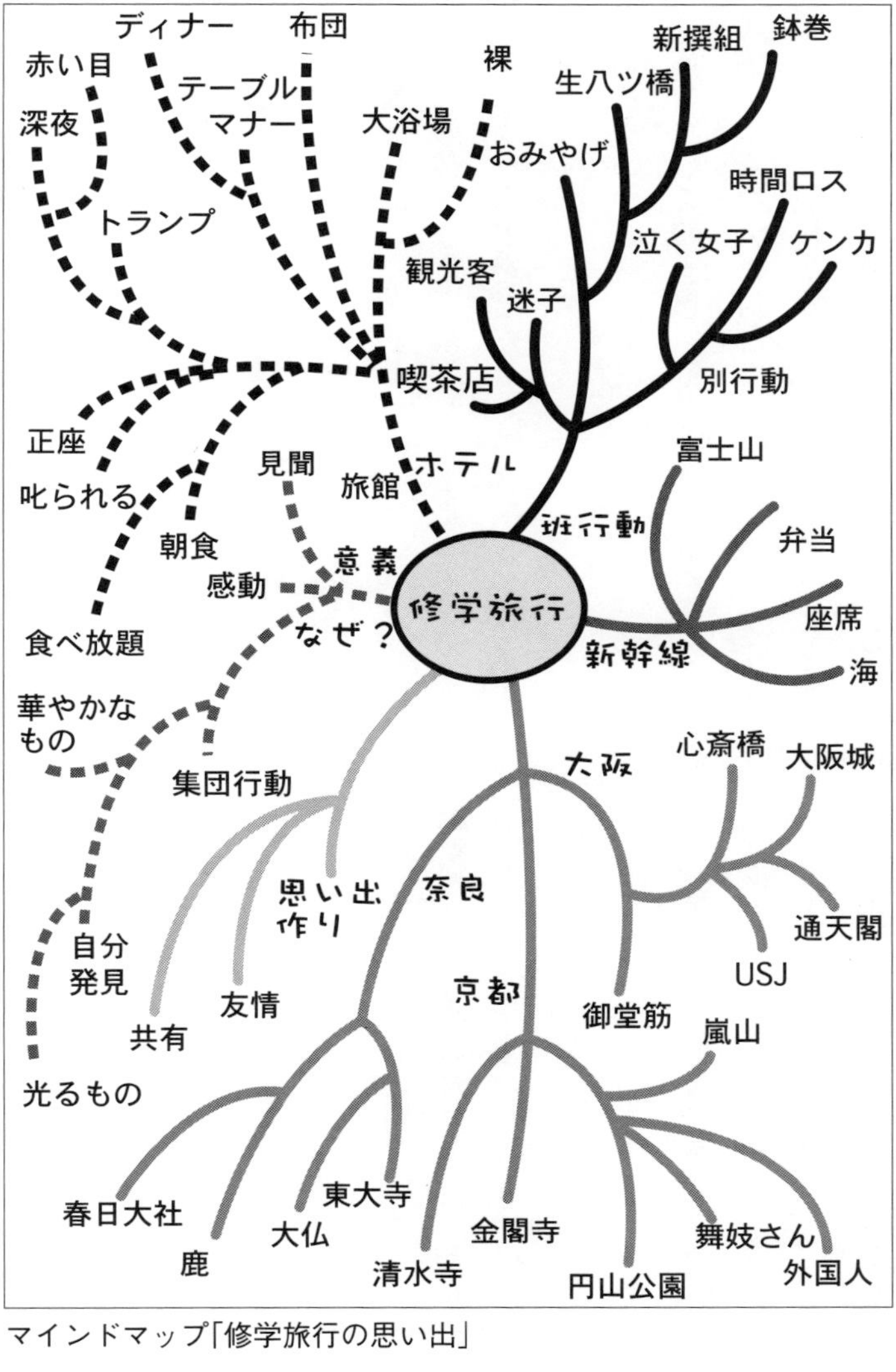

マインドマップ「修学旅行の思い出」

です。マインドマップは自分のために描きますので、誰かに見せる必要はありません。自分だけがわかっていればいいのです。

修学旅行で行った場所を書いていきます。京都であれば清水寺、金閣寺、嵐山といったスポットがキーワードとして記入できます。さらに大阪、奈良などの名所を書き込むのです。

また、グループ行動したときの出来事や見たこと、迷子になったこと、他の観光客と会話したこと、喫茶店に入ったことなどがキーワードになります。また、旅館やホテルでの体験など、エピソードや見たこと、聞いたこと、心のつぶやきなど、思いついたキーワードをどんどん書き出してみます。いわゆる下書きをするつもりで書いていくのです。

これがいわゆるネタ集めということです。

じつは、この連想するキーワードを書き出すという段階でつまずく人がたくさんいます。そんな人に対して、僕の文章スクールでは「ブレインストーミング」をすすめています。これは頭に浮かんだアイデアを次々と書き出すというものです。

たとえば、会社の問題点を社員が2、3人集まって書き出してみます。「遅刻欠勤者が増えた」「残業が多い」「利益率が低い」「新規客がここ1年ない」「電話の応対が悪い」「デスクが散らかっている」「トイレが汚い」などいろんな問題点が出てきます。とにかく問題点を紙に書き出してみることが「ブレインストーミング」です。時間を切って、大量に書き出します。

次に、たくさん出てきた問題点を仕分けし、優先順位を決めて解決策を協議するのです。そうして問題解決に活用していきます。

「ブレインストーミング」には次の3つのルールがあります。

・量にこだわる
・質は問わない
・他人のアイデアを批判しない

ひとりでやってもいいし複数でやってもかまいません。とにかく量にこだわるわけです。量を出すことに集中することで頭脳を活性化させます。それが「ブレインストーミング」の真髄といえるでしょう。

うまくいかないときは、マインドマップにキーワードを書き出すのに、この「ブレインストーミング」の要領でやってみてもいいでしょう。

②文章の核を見つける

マインドマップへの書き込みがひととおり終わったなら、次はそこにあるキーワードに関して、他人の意見を聞いたり、資料や本を読んだりして自分の考えをまとめていきます。「修学旅行の思い出」の場合は、金閣寺に心が惹かれたので、三島由紀夫の小説『金閣寺』を読んでみました。さらに金閣寺の歴史や現在の入場者数などについて調べてみます。そうしているうちに、自分がなぜ金閣寺に心を惹かれたのかを考えてみました。

そこで心に浮かんだ考えもマインドマップに書き込んでいきます。

そうしてできあがったマインドマップを眺めて、文章の核を見つけるのです。文章の核とは、自分のメッセージや伝えたいことです。「修学旅行の思い出」の場合は、マインドマップを眺めていて「ハッと思ったこと」を核にしました。マインドマップにキーワードを書き出していくうちに、修学旅行でいろんなお寺をまわったけれども、なぜか金閣寺に自分の目がいったのです。そして、黒っぽい陰気な場所よりも、金箔のキラキラした華やかな場所が自分は好きだということに気づきました。

さらに、修学旅行というのは何のためにあるのか、何のために行くのだろうと疑問に思いました。昔は個人で旅行に行くことが少なかったので、学校が団体で行くようになったそうです。その目的は見聞を広げるためです。ところが現在は、個人で気軽に旅行できる時代です。家族旅行も頻繁に行なわれています。

この疑問を解くために、修学旅行でためになったことは何かと考えてみたところ、思い出づくりや友情を育むということが思い浮かびました。そこでハッとしたのです。自分がどんなものに心惹かれるのだろうか、何に目が向くのだろうか。それによって、自分を発見することになるのです。

結局、このことが「修学旅行の思い出」では文章の核となりました。

③構成を考える

文章の核が見つかったなら、次は、どの順番で書くかを決めます。つまり、構成を考えるということです。それは、マインドマップに数字を書き込めばいいのですが、ストーリー仕立てで書きますので、起きた順番に数字をふればいいのです。これで全体の構成が決まります。

次は、いよいよ本文を書きはじめます。文章を書くときには、マインドマップの作成時に集めたネタをすべて使う必要はありません。文章の流れを考えて、必要ないと思えば書かなくてもいいのです。

ここまでの作業をふまえて、先の7日目の15分トレーニングで取り上げた「修学旅行の思い出」に加筆してみました。全体の流れをつかめるように、前半部分は先の文章をそのまま取り上げてあります。重複が気になるようであれば、後半の加筆部分から読んでいただいても結構です。


11月の朝、僕たちは東京駅に集合し新幹線に乗った。小旗を持った旅行代理店のお姉さんが注意事項を説明しているが僕らの耳には何も入っていない。なぜならば、これから向かう修学旅行への期待で胸がいっぱいだったからだ。

僕たちは中学2年生である。修学旅行のコースは京都、奈良、大阪だった。京都も奈良もあるのはお寺ばかりである。中学2年生がお寺に行って何を学ぶというのだろう。僕らには退屈でしかない。だが、この修学旅行にはメインの楽しみがあった。それは大阪、ユニバーサルスタジオジャパンである。行った経験のある人も何人かいるみたいだが、僕はまだ行ったことがない。

「とうとうその日が来てしまいましたなあ」

友人の義弘君が言う。

義弘君は僕と同じクラスで、成績も優秀である。歴史が得意で、ときどき歴史的人物になりきって天下国家を語ることがあった。「このままでは、日本はつぶれてしまうぜよ」と坂本竜馬になったつもりで言ってみたり、「パンがなければケーキを食べればいいじゃないの」とマリー・アントワネットになりきることもある。色白で手足の細長い男の子だった。

「来てしまいましたなあ」

と僕は答える。

引率の先生が大声を張り上げている。そろそろ出発らしい。制服を着た修学旅行の一団が東京駅の新幹線改札口を入っていく。

「いざ鎌倉ですな」

歴史好きな義弘君がおどけて言った。

「鎌倉ではなくて、行き先は京都ですぞ」

エスカレーターに乗り、新幹線のホームへたどり着く。僕らが乗ったのは『のぞみ12号博多行き』だった。僕と義弘君は隣の席だった。他の席の人たちはシートを回転させて4人の対面シートにしていたが、僕たちは2人席のままにした。うしろの席の女子もそのほうがよさそうだった。

新幹線がいよいよ動きはじめる。まるで線路の上をすべるように走る。僕の胸がドキドキしてくる。新幹線ははじめてではないが、義弘君やクラスの人たちと一緒に乗るのははじめてである。このドキドキはいたるところで僕の胸を襲った。最初にやってきたのは、小田原を過ぎて右手に富士山が見えたときだ。富士山の雄姿を眺めたとき、僕はしばらく口をぽかんと開けていた。

小説『宮本武蔵』に富士山の景色を眺めるシーンがある。武蔵は弟子を連れていて、その弟子にこう言うのだ。

「あれになろう、これになろうと、ふらふらせずに、まずは富士山のようなどっしりとした人間になれ!」

富士山は僕に笑いかけているようにも見えるし、厳しく諭しているようにも見える。謎めいた表情を見せる富士山であった。まるでこれから始まる大ハプニングを予言しているようでもあった。

(ここから加筆部分)

修学旅行の一群は京都駅で新幹線から降りた。京都駅でバスに乗った。しばらく走ると、バスの窓から舞妓さんの姿が見える。豪華な着物と重そうな頭髪。かつらなのか、地毛なのかはわからない。ゆりの花のような美しい舞妓さんが3人連れ立って歩く光景は、どんな宝石よりも輝いて見えた。僕の胸はドキドキである。

多くの人は清水寺がいちばん印象に残ったようだが、僕は金閣寺をナンバーワンに選びたい。金閣寺の雄姿が池に映るさまを目撃したとき、僕はハッと息をのんだ。

バスは京都を南下し山間部を走った。街がひらけてきたところが奈良である。奈良では春日大社で鹿にエサをやって遊んだ。僕の心をとらえたのは東大寺の大仏である。昔の人はどうしてこんな大きな大仏をつくろうとしたのだろう。この大仏をつくるために何人の人足がかりだされたのだろう。建造物には必ず木が使われる。東大寺や大仏を作るために周辺の森がひとつやふたつなくなったにちがいない。大仏にはそれほどの価値があるのだろうか。

京都と奈良では何事もなく無事にすぎていく。僕らの修学旅行は順調そのものだった。

1日目は奈良の旅館に泊まった。大浴場ではドキドキであった。なにせ僕は銭湯や温泉などに行ったことがないのである。つまり他人と裸でお風呂に入った経験がないのだ。大事なところをタオルで隠しながらの入浴は落ち着けたものではない。堂々としている友人たちが大人に見えた。

2日目は大阪に向かった。午前中、大阪城を見学し、昼食後はユニバーサルスタジオジャパンへ行った。そこで自由行動となった。事件はその自由行動のなかで発生した。

ユニバーサルスタジオジャパンは楽しかった。ほとんどの映画は観ていたし、ストーリーも知っていたので、その楽しさは倍増した。ところが、問題は別のところにある。

ユニバーサルスタジオジャパンからホテルへは自由に市内観光をして集合することになっていた。集合時間は5時である。7時からはテーブルマナーを学ぶためのディナーがあった。

その時間を忘れて、僕と義弘君は遊んでしまったのだ。なんと、ホテルに着いたときには7時をすでに過ぎていたのである。

体育教官の大久保先生がホテルの玄関で立っていた。大久保先生は目をつりあげて、

「お前ら！　何時だと思っているんだ！」

雷鳴が響いた。

僕と義弘君はホテルの廊下で正座することになった。みんなが僕らをジロジロと見ていく。楽しみだったディナーは大久保先生のお説教のあとだけにおいしいとはいえなかった。しかも僕と義弘君の2人前だけ特別につくってもらったものである。ホテルの人々に多大な迷惑をかけてしまった。反省と後悔の念が僕をひどく落ち込ませるのだった。

帰りの新幹線ではずっと無言である。僕は楽しい気分になれなかった。いったい何をしに関西へ行ったのだろう。そもそも修学旅行とは何のためにあるのだろうか。

戦後間もないころ、個人で旅行することがどこの家庭でもほとんどなかったという。貧しさのせいである。そこで、せめて子どもたちには旅行をさせたいとい

う思いから修学旅行が生まれた。行ったこともない場所へ行き、見たこともないものを見て見聞を広げる。それが修学旅行の目的だった。

ところが、現在は家族旅行など一般的だし、東京大阪間など日帰りで行ける手軽さである。見聞を広げるといっても、インターネットやテレビなどで情報はあふれるほど僕たちの耳目に押し寄せている。そんな時代に修学旅行は何の役に立つというのだろうか。

集団生活を経験させるためであるのなら、集合時間を守れなかった僕は失格者である。僕にとって修学旅行は落伍者であるという劣等感を植え付けるものでしかない。悲しい修学旅行である。

あああ、嫌な修学旅行だったなあ。

しかし、ひとつだけ収穫があるとすれば、それは日常では見ることのできない自分というものを発見したということだ。僕の心を打つ対象物は舞妓さんや金閣寺、奈良の大仏、大阪城といったきらびやかで華やかなものだということがわかった。さらに、夢中になると時間を忘れてしまうということ。先生に叱られるということはわかっていたはずなのに、僕は楽しさを優先させてしまった。いつも冷静で慎重な僕にもそういう側面があるのだ。それは驚きの発見である。

そうか！

修学旅行のいちばんの目的は自分発見っていうことなのかもしれない。僕は沈んだ気持ちのなかで小さな光明を見た想いがした。

□自信をつけるための3つのコツ――

文章テクニックを教わっても、なかなか上手に書けなくて愕然《がくぜん》とする人がいます。あなたがもしそうだとしても落胆する必要はありません。上手に書けない原因はわかっています。

それは、あなたに才能がないからではありません。文章を書く才能はすべての人に与えられています。

それは、あなたに教養がないからではありません。文章を書くときに必要なのは教養ではなく、自然の神秘に目を見張る瑞々《みずみず》しい心です。

それは、あなたが言葉を知らないからではありません。中学校で習った程度の語学力があれば立派な文章が書けます。

あなたが文章テクニックを教わったとしても、上手に書くことができないのは、「自信」がないからです。

文章にかぎらずすべてにいえることですが、ものごとを上手にやってのける人は自信をもっています。自信をもって行動するから、上手にできるのです。そして、上手にできるからさらに自信がつく。好循環がそこに生まれます。

逆の人は悲惨です。自信がないから何をやってもうまくできない。うまくできないからいつまでたっても自信はつかない。どこまでいっても悪循環です。

この悪循環に陥ってしまった人はどうすればいいのでしょうか。

僕の文章スクールでは次の3つを提唱しています。

1つは『Fake it!』です。何の実績も、実力もない人が最初の一歩を自信をもって踏み出すには、自分自身を騙《だま》す以外にありません。

騙すというと悪いイメージがありますが、人を騙すのではなく自分を騙すのですから何も悪いことはありません。つまり、自分の目指す人物に「なりきる」ことです。実成功する人たちは多かれ少なかれみんな無名時代から何者かになりきっています。

績も能力もないのに、自信に満ちて光り輝いています。それは、つねに目標とする人物になりきっているからです。

２つは小さくてもいいから実績をつくることです。僕の文章スクールでは『コラム大賞』を創設し、生徒が応募してくれれば、必ず佳作になるようにしています。小さな賞ですが、受賞すれば励みになります。こうした小さな実績を作ることで自信はついてきます。

３つは評価してもらうことです。文章を書いたら、必ず誰かに読んでもらうことをおすすめします。できれば重箱の隅をつつくような人ではなく、手放しで誉めてくれる人に読んでもらってください。自信のない段階で文章を批判されると立ち直るのに時間がかかりますので、批判や指摘は受けずに、誉め言葉だけを受け止めてください。プロの作家でも批判されるとかなり落ち込むものなのです。ショックで部屋に閉じこもる人もいるほどです。

ですから、誉めてくれる仲間を作ってください。僕の文章スクールでは、メーリングリストで激励し合う仲間を集めています。

□一瞬で心をつかむ文章を書くために――

これまで紹介してきた文章テクニックを使うだけでも、おそらく文章をスラスラ書くことはできるでしょう。ただ、本当に人の心をつかむ文章を書くには、もうひとつ忘れてはならないことがあります。

文章はデジタル放送のように、表面的な情報以外の裏情報も伝達してしまいます。いくら隠しても書き手の心は、読者に見えてしまうのです。ですから、読み手を騙そうとして書いた文章は、いかに素晴らしい言葉を使っていても絶対にバレてしまいます。

じつは、文章を書くうえで決定的に大事なのは、どんな心で文章を書いているかなのです。たとえば、あなたの会社に2つの会社から企業提携を持ちかけてきたとします。A社もB社も、あなたの会社の特許技術を使って新しいサービスを共同で開発しようと提案してきました。

A社は、あなたの会社のノウハウと優秀な人材をいただいて、いずれは乗っ取ろうと考えています。一方B社は、あなたの会社にもっと儲けてもらおうと考えています。そのためにB社は、無償で技術を提供しようとしているのです。あなたの会社が儲けることで、B社も一緒に儲けられるのだと考えています。

A社の思惑も、B社の考え方も、何度か話をしていれば見えてくるものです。当然、企業提携を結ぶのならB社のはずです。

企業間では相手を儲けさせることでしか、信頼は生まれません。少しでも相手から奪おうという心が見え隠れすると、信頼関係は築けないでしょう。

文章も同じことです。肝心なのは、文章テクニックやレトリックなどではありません。読者の幸せを心から祈りながら書いているかどうかです。テクニックさえ身につければ人の心は動かせると思っていたら大まちがいです。このことを忘れてしまった書き手があまりにも多いように思います。

読み手の幸せが祈れるかどうかです。その祈りから発した言葉は、必ず相手の心に届きます。

「どうか読者のみなさまに良いことが泉のようにわき出てきますように」

「どうかあの人が元気に笑顔を見せてくれますように」

「どうかあなたが幸せになりますように」
そんな真心を込めて文章が書けるかどうかです。読者の幸せを祈る、その思いが人の心をつかむのだと思います。

〈コラム4〉「4対2対4」の法則

多くの人は、原稿用紙を与えられるとすぐに書きはじめようとする。学校の作文の授業でもそうだ。先生は生徒たちに原稿用紙を渡し、テーマを与え、それについて「自由に思ったことを書きなさい」と言う。

文章修行を積んできたプロの作家ならいざ知らず、文章テクニックも教わったことのない子どもがいきなり書けるわけがない。プロの作家でさえ、原稿用紙に書く前に下書きをするはずだ。

文章を書く前の準備が、文章を書くことよりも大切であることは何度でもくり返し言っておきたい。何度言っても準備をおろそかにする人が多いからだ。

料理を作るときは、まず食材を集める。調理をする時間よりも、食材を集める時間のほうが長いのは当たり前である。スーパーへ出かけなければならないし、食材にこだわるのならば市場へ行くかもしれない。産地まで飛行機で旅をする人もいるだろう。それほど食材は重要である。食材が腐っていたら料理は台無しとなり、食材がありきたりのものであれば料理もありきたりになる。

文章の材料とは情報である。言葉である。資料である。取材ノートや思索メモである。それらを集めることが文章を書く準備だ。この準備の良し悪しで文章のできは決定する。

もしも文章を書く「準備」と「執筆」と「推敲」の時間配分をするならば、「4対2対4」くらいになる。僕の文章スクールでは、このことを「4対2対4の法則」といっている。しかし「準備」の大切さを理解してくれる人は少ない。「面倒くさい」とか「手間がかかる」と文句を言う人もいる。

なぜ多くの人は準備をおろそかにしてしまうのだろうか。

もっとも大きな理由は締め切りがあって、時間がないからだ。じつは、時間がないときにこそ「4対2対4の法則」を思い出していただきたい。30分しかないときは、12分を準備に費やし、6分が執筆、12分が推敲である。

さらに準備の楽しさを知っていただきたい。書き手自身が驚いたり感動したり、喜びを感じたりするのはまさに準備のときなのである。書き手がいちばん楽しさを感じるのは、準備の段階だといっても過言ではない。

たとえば、「地球環境について」原稿を執筆するとき、まず他人の文章を読み、それに関する文献を集めなければならない。すると、いままで知らなかった情報を知ることになる。

また、アウレリオ・ペッチェイ博士が設立したローマクラブが1972年に『成長の限界』というレポートを発表したこと、このレポートから全世界に環境問題の火が広がったこと、地球の寿命を1年間にたとえると現在は12月31日にあたることなど、びっくりするような情報にも接する。

実際に地球環境を守っているNPO団体や有名人などにインタビューをしてみると、その情熱に触れて感動することだろう。

新しい情報を手に入れて自分が博識になることは嬉しいことだ。新しい人と出会い、その情熱に触れることも楽しいことだ。

文章を書くときの準備ほど、楽しい作業はないのだ。

ステップ5

もっといい文章を書くための究極テク

▽結論を先に書くテクニック――

結論というのは、文章のまとめのようなものですが、普通は最後に結論をもってきます。ところが、先に結論をもってくるというテクニックがあります。このテクニックを使った文章が意外に多いことに気づくはずです。

結論にはさまざまなことが当てはまります。

たとえば、自分なりの感想が結論になることもあります。

「人生とは思うようにいかないことばかりです」

「そのレストランに入ってすぐに目に付いたのは、巨大な大仏さまである。正直、驚いた」

その他、出来事や、行動、５Ｗ１ＨのWhat（何をしたのか?）の部分が結論になります。

たとえば、

「教室の中に衝撃が走った」

「逃げた。とにかく逃げた」

「メインディッシュにフォアグラのソテーが運ばれてきた」

そうした結論を先に書いてしまうのです。

結論の次に書くものは何か？

結論というのは、５Ｗ１ＨのWhat（何をしたのか？）にあたる部分ですから、それ以外の４Ｗ１Ｈが抜けています。その抜けている部分を埋めていけばいいのです。

たとえば、

逃げた。とにかく逃げた。

俺は、夕闇のなか、新宿歌舞伎町から大久保方面へ向かって走っている。横腹が痛くなる。息が激しくなり、顎《あご》が上がる。それでも俺は走った。黒いサングラスの男たちの影がすぐそこまで近づいていたからだ。


いかがですか？
・逃げた。とにかく逃げた。（What／何をしたのか？）

・俺は、（Who／誰なのか？）
・夕闇のなか、（When／いつなのか？）
・新宿歌舞伎町から大久保方面へ向かって（Where／どこなのか？）
・横腹が痛くなる。息が激しくなり、顎が上がる。（How／どのようにして？）
・黒いサングラスの男たちの影がすぐそこまで近づいていたからだ。（Why／なぜ？）

5W1Hをちゃんと盛り込むことができたら、そのあとは、さらに説明が必要と思われることを追加します。

たとえば、先の文章だと、歌舞伎町から大久保方面の路地はどんな様子なのか？

夕闇の時間帯だから、飲み屋のホステスやホストたちがあふれているかもしれないし、もしかしたら、雨が降っていたのかもしれません。

暑い夏なのか？

夏ならば、走っているわけですから、汗が出るはずです。通行人たちが変な視線を向けてくるでしょうし、走っている俺の服装や身長、性格や癖なども気になります。サングラスの男たちはどんな奴らなのか、そうしたことを書き足していくのです。ひとつの出来事を書き終えたあとはどうするのか？

こうしてひとつの出来事や自分の意見や感想を書き終えたとします。では、次にどう書きすすめばいいのか？

結論から先にいうと、また再度、結論を先に書いて、新たなWhatを書いていけばいいのです。そのくり返しで構成していけば文章ができあがります。

これが、結論から先に書くというテクニックです。

5W1Hを中心に考えなくても、結論を書いたら、次にはその理由を書くと覚えておけば単純化することができます。結論と理由、結論と理由、そのくり返しで文章を書いていけばいいのです。

▽疑問を先に書くテクニック――

疑問のテクニックは、僕がビジネス文書を書くときもっとも採用する頻度の高いものです。これは、次のような構成でできています。

(1)問題提起（疑問の部分）
(2)さらに問題をあおる

(3)常識的な答えを否定する
(4)本当の答えを導き出す
(5)事例を提示する

具体的な例をあげて説明しましょう。じつは、本書がまさにこの構成でつくられています。

ステップ1　「文章がうまく書けない」には理由がある

ここで問題提起をしています。文章を書くうえでいろんな問題を抱えている人を紹介し、読者に同じ問題意識をもってもらうように工夫してあります。

ステップ2　文章力がない人の8つの弱点

ステップ1で提起した問題をさらにあおっています。文章力を身につけていないことで損をしている人たちを紹介し、文章力の必要性を語っているのです。

ステップ3　騙されるな！　文章の常識9つの落とし穴

常識的な答えを否定する部分ですが、本書の場合は、学校の国語教育や既存の文章教室などの問題点を指摘することでその役目を果たしています。

ステップ4　1日たった15分でスラスラ書けるようになる文章テク

この章が本書の核心部分です。この核心部分だけあれば他の章は必要ないのではないかと思うかもしれませんが、実際は違います。核心部分だけを語ってしまう文章は小学生にいきなり微分積分を教えているのと同じです。そこに至るまでにいくつかのステップを伝えておく必要があるのです。

ステップ5　もっといい文章を書くための究極テク

最後に成功事例を紹介するのが定石です。そうすれば核心部分で語った内容がより深く読者の胸に刻まれます。本書であれば、この文章テクニックを習得して実際にプロのライターになった人の実例とか、1行も書けなかった人が本を出版した事例などを紹介すればいいでしょう。

しかし、本書でそれをしなかったのは、文章テクニックをひとつでも多く読者に伝えたかったからです。

「問題提起」、「さらに問題をあおる」、「常識的な答えを否定する」、「本当の答えを導き出す」、「事例を提示する」。この構成でできた文章は読者の心をとらえて離しません。

ぜひ一度試してみてください。
なお、この疑問のテクニックは全体的な構成を立てるときに活用しますが、もっと短い段落ごとの構成にも使うことができます。
たとえば、次のモデル文章を読んでください。

小さいころ、僕は夢をもっていました。でも、その夢は毎週変わりました。あるときは、パイロットだったり、あるときは、パン屋さんだったり、そして、いつしかそんな夢も僕は見なくなりました。

大人になると、どうして夢を失ってしまうのでしょうか？

おそらく、大人になると、現実の世界が見えてくるからでしょう。幼い子どもの目には、空を飛ぶことも、エベレスト山を登ることもいとも簡単なことに見えます。でも、大人には、空を飛ぶのに必要な費用や、エベレスト山を登るときの危険性などが見えます。

もっとも、そんな旅行や冒険をする時間がないことに愕然とします。そうして、大人になるにつれ、夢を見なくなるのです。

それでも夢を見続けるにはどうすればいいのでしょうか？

僕は、夢を心にイメージすることだと思います。その夢を人に語るだけでも、夢に一歩ずつ近づいていると思うのです。そうです、語ればいいのです。

自分の夢を語れば、いつまでも夢を見続けることができます。

人に語ってもいいし、自分に語ってもいい。夢を想像し、夢を語るとき、その人は夢の中にいます。夢の内容がころころと変わったっていい。大事なのは夢を語り続けることだと思います。

しかし、夢を語るだけで、夢は実現するのでしょうか？

夢を実現するときには、必ず人との出会いがあるものです。

坂本竜馬は勝海舟との出会いがなかったら、幕末にあれだけの活躍はできなかったでしょう。でも、竜馬は、日本を救おうという夢を語っていましたから、勝海舟以外にも、いろんな力ある人と出会いました。

お金がなければ、金持ちと出会えばいい、知恵がなければ知恵のある人と出会えばいい。夢をもち、夢を語ること、そうすれば、必ず夢は叶うのです。

ウォルト・ディズニーはこう言っています。

「If you can dream it, you can do it.」

夢をもつ勇気、夢を語る勇気、人と出会う勇気、そうした夢と勇気さえあれば、人生は案外楽しいものになるはずです。


このモデル文章の早い段階に、「大人になると、どうして夢を失ってしまうのでしょうか?」と読者に疑問を投げかけてあります。

これは、最初の1文か、あるいは、早い段階で、読者に疑問を投げかけるというテクニックです。

疑問のあとに続く文章は、その疑問に対する書き手の考察や答えを書きます。このコラムの場合は、「大人になるとどうして夢を失ってしまうのか」という疑問の答えが、「大人になると、現実の世界が見えてくるからです」となっています。

さらに、現実の世界が見えてくるとはどういうことなのか、空を飛ぶことと、エベレスト山に登ることを例にあげて説明してあります。

そうすると、新たな疑問が生まれてきます。それが、「それでも夢を見続けるにはどうすればいいのでしょうか?」です。

この疑問に対しても、「夢を心にイメージすること」「それを自分と周囲の人々に語ること」と自分なりに考えた答えを導きだしていきます。

そして、「夢をもち、夢を語ること、そうすれば、必ず夢は叶うのです」と、作者なりの結論をもっています。

ディズニーの言葉「If you can dream it, you can do it.」は、作者の蘊蓄《うんちく》を述べているようなものですが、読者は案外こういう言葉が印象に残るものです。こうした名言は文章のオチとして活用します。

このような疑問のテクニックのポイントは以下の3つです。

①疑問を投げかける
②その疑問に対して考察する
③結論を述べる

これらのくり返しで文章を書いていくのです。

作家の頭の中は、いつもいろんな疑問があふれています。文章を書くときも、すぐに疑問が浮かんでくるのです。

夢って何だろう?

夢って何でころころ変わるんだろう?

夢がなかなか実現しないのはなぜだろう?

夢を実現する人と、しない人と、どこが違うんだろう?

夢を実現すると本当に楽しいのかなあ?

まだまだいろんな疑問が出てきます。その疑問を文章のなかに入れて、読者に投げかけるのです。そして、その疑問について、考察し、結論を導いていくわけです。疑問が出てくるかぎり、いくらでも文章が書けてしまいます。これが疑問のテクニックです。

いちばんのポイントは、その疑問を思い浮かべるということです。素晴らしい疑問が開発できれば、素晴らしい文章が書けます! 単にその疑問文を文章のなかに挿入するだけでいいのです。

▽論理法を利用するテクニック――

論理的にものごとを考えると、それがそのまま文章の構成になることがあります。

論理的な思考の変遷をひとつひとつ記述していくのです。哲学用語なのでついついむずかしくなりますが、論理を文章の構成として活用すると案外簡単に文章が書けるようになります。

代表的なものを3つ紹介します。

①演繹《えんえき》法

演繹法（ラテン語　deducere）は、一般的・普遍的な前提からより個別的・特殊的な結論を得る推論方法です。演繹の代表例として三段論法があります。「人は必ず死ぬ」という大前提があり、「高橋フミアキは人である」という小前提から「高橋は必ず死ぬ」という結論を導き出すわけです。この構成に、肉付けをすれば、文章ができあがります。

いわゆる「つきあっている」状態の男と女は、二人が結ばれるという幻想を抱きがちなものだが、いずれ別れる。つきあっている男女のほとんどが別れる。別れずに、つきあっている二人が結婚すると、どんな未来がやってくるか。結

婚している男女には、離婚するか死別するか、どちらかの未来しか残されていない。

「そんなのはアタリマエだよ」とあなたは笑うだろうか。

男と女は、どんなに愛し合っていても、いずれ「必ず」「絶対に」別れなければならない。そう、それはアタリマエのことなのだ。

そして私は男で、彼女は女である。

私たちは、恋人という関係を結んでいる。いずれ「必ず」「絶対に」別れなければならないという、宿命を見ないようにしながら。

「男と女は必ず別れる」という普遍的な大前提があります。もしも結婚したとしても死ねば別れるわけです。そして「私は男で、彼女は女である」という小前提を書きます。ゆえに「私と彼女は別れる」という結論を導き出しています。このように演繹法の考え方がそのまま文章の構成になるのです。

②帰納法

帰納法とは、個別的・特殊的な事例から一般的・普遍的な規則を見出そうとする推論の方法です。

一般的には確率や統計から結論を導き出すものといわれています。女であるA子はイケメンに貯金をすべて貢いだ。B子もイケメンにお金を騙し取られた。C子もイケメンのために借金をした。よって、すべての女はイケメンに騙される。というふうに論理を展開するのが帰納法です。

わが家では子猫を飼っている。子猫は動くものをみつけると飛びついて、じゃれかかっていく。向かいの家でも子猫を飼っているが、その子猫もそうだ。私がいままで見たどの子猫も、動くものに飛びついていった。猫を飼っている人に聞いてまわったが、どの家でも子猫は動くものに飛びつくのだそうだ。そうすると、子猫には、動くものに飛びつかずにはいられない、という本能か何かが備わっているのだと考えられる。

以前20代のイケメンが我が家にやってきたとき、うちの猫が飛びついてじゃれたことがある。これはどう説明すればいいのだろう。

あ、あのイケメンは浮気性でいつも心が動いているからだ！

③弁証法

世界や事物の変化や発展は、次の3つの過程を経るというのが弁証法で、ヘーゲルの弁証法が有名です。ヘーゲルの唱える3つの段階とは、ある命題（テーゼ＝正）と、それと矛盾する命題（アンチテーゼ＝反：反定立、反措定、反立、反対命題とも）、もしくは、それを否定する反対の命題、そして、それらを本質的に統合した命題（ジンテーゼ＝合）の3つであるというのです。

すべてのものは己のうちに矛盾を含んでおり、それによって必然的に己と対立するものを生み出す。生み出したものと生み出されたものは互いに対立し合うが、同時にその対立によって互いに結びついている（相互媒介）。最後には二つがアウフヘーベン（aufheben 止揚）される。このアウフヘーベンは「否定の否定」であり、一見すると単なる二重否定すなわち肯定＝正のようである。しかしアウフヘーベンにおいては、正のみならず、正に対立していた反もまた保存されている。

つまり、ある状態は、対立矛盾を通してより総合的な段階にすすむということです。そういうふうに論理を展開します。

これを文章の構成テクニックに応用すると、

(1)発見した概念、アイデア、方法などを肯定する段階――「テーゼ」(正)
(2)いったん肯定した概念、アイデア、方法を再検討し、その矛盾、不備に気づく、あるいは、おのずと壁に突き当たる段階――「アンチテーゼ」(反)
(3)その矛盾、不備、挫折をアウフヘーベン（止揚）して、より高次なレベルに進んでいく段階――「ジンテーゼ」(合)

弁証法を文章構成に応用するのはちょっとむずかしそうに見えますが、平たく言ってしまうと、**自分で言ったことを自分で否定し、自分で新しい答えを導き出す**ということです。

美しいものを求めるのが人間の本能である。4月に舞う桜を見ると多くの人が心を震わせ酒を飲み歌をうたう。夏には夏の、秋には秋の花が咲く。花だけでなく、夕陽や渓谷や海など自然の美も人の心を打つ。

だが、醜いものに惹かれる人もいる。ホラー映画が好きだという人や、イモムシやゴキブリを食べる人などもそのたぐいだろう。以前、マンホールの写真を撮りためているカメラマンに会ったことがある。マンホールの模様が美しいというのだ。

ブルーハーツの歌にこんなフレーズがある。「どぶねずみ、みたいに、美しくなりたい」

マンホールの模様やどぶねずみが美しいとする感性もあるのだ。そう考えると美しさとはいったいなんだろうか。

花を愛する人は多いが、すべての人がそうではない。花を嫌って毛虫を愛する人がいてもおかしくはない。

どちらが美しいか美しくないかは、その人自身が決めることだ。

自分で決めるのだから、一般には美しいとされる花を汚らわしく感じ、醜いと嫌われる毛虫に美を感じる人がいても、それは決して異常なことではない。


この例文のテーゼは、「美しいものを求めるのが人間の本能である」ということです。

このテーゼに対するアンチテーゼは「醜いものに惹かれる人もいる」ということです。

ホラー映画、イモムシやゴキブリを食べる人、マンホールの写真を撮るカメラマン、ブルーハーツの歌詞などアンチテーゼの事例を紹介して肉付けします。

そして、最後には「どちらが美しいか、美しくないかは、その人自身が決めることだ」とアウフヘーベンしています。

いかがですか、論理的に考えるだけで、立派な構成をもった文章になることが理解していただけましたか。

この3つの論理的思考に肉付けして文章を完成させるのです。

▽じらしのテクニック――

じらしのテクニックというのは、言葉のとおり、肝心なことをじらして、後回しにするというテクニックです。

たとえば、テレビのクイズ番組で、「答えは90秒後！」と司会者が言って、ＣＭに変わるということがあります。答えをじらしてなかなか言わないのです。その間、視聴者は、答えはなんだろうと、ワクワクしながら待ちます。それがじらしのテクニックです。

このじらしのテクニックは、コラムや小説などでよく使います。そこで注意しなければいけないのは、読者にその答えを知りたいと思わせることです。それが肝心です。読者の興味を喚起しないで、単にじらしているだけだと、読者は最後までついてきてくれません。

　Aさんが Bさんに耳打ちをする。誰にも聞こえないように、ひそひそ声で言う。

何と言ったのか？

ここですぐにAさんが言ったことを明かしてしまうと、何の芸もありません。かといって、なかなか言わずに、単にじらすだけでは、誰も次を読みたいとは思わないでしょう。では、いったい何を書けばいいのでしょうか。

　じらしのテクニックをより効果的にするには、Aさんからひそひそ話を聞いたBさんが、驚いて目を見張る様子を描くことです。手にしていたコーヒーカップを思わず落としてしまうとか、Bさんの顔色が急に蒼白になるとか、聞いた人の反応を描くと、いったいAさんは何を言ったのか、読者の興味は増していきます。

　さらに、Bさんが、

「それがもし本当なら、世の中がひっくり返るぞ！」

「その話、誰から聞いた。ＣＩＡか？　それとも政府高官か？」

というふうに、Ａさんが言った言葉の内容のヒントになるようなことを、小出しにするのです。そうすれば、じらしのテクニックがますます効いてきます。じらしのテクニックをうまく使えるようになると、読者を引き付け、最後まで一気に読ませる文章が書けるようになります。このテクニックを身につけると文章を書くことが楽しくなりますよ。

▽オチをつけるテクニック――

ちょっとしたコラムを書く場合、最後にオチをつけることがあります。そのオチをつけるテクニックもいくつかあるので紹介します。

(1)教訓や名言を最後にもってくる

イソップ物語のような教訓的なお話でしめくくるのは、多くの文章家が採用するオチのテクニックです。簡単にできるオチですので、ぜひ挑戦してみてください。

そのためには、さまざまな名言を知っている必要があります。名言集を購入することもいいでしょう。インターネットでも専門サイトがありますので、チェックしてみてください。

⑵ 共鳴のテクニック

文章の前半部分で登場したキーワードや話題を、最後にもってきてオチをつけるというテクニックです。次の例文を読めば理解できるでしょう。

平治の乱は、平清盛と藤原通憲との連合と、源義朝と藤原信頼連合との抗争である。結果、平氏が勝ち源氏は勢力を失う。義朝は元家来に殺害されるが、**その子どもは生き残る。**

常盤《ときわ》御前《ごぜん》との間にできた三人の子だ。そのうちの一人が義経である。幼少のころの名を牛若といった。

乳飲み子だった牛若は清盛の子らとともに暮らす。牛若は清盛を父と思い、その子どもたちを兄弟と思って育った。

ところが、牛若が七歳のとき母常盤御前から離れ、鞍馬山の寺に移り住むこととなる。そこで学問を修める。

ある日、牛若のもとへ正門坊という僧が現われる。正門坊から牛若は「自分がじつは清盛に敗れた源氏の大将だった義朝の子である」ことを知らされる。父親だと思っていた清盛がじつは父の仇だったのである。

牛若は自分が何者であるかを知る。

自分が何者であるかを知ったとき、人は無限の力を発揮する。牛若はその日から武芸を磨き、神業とも思える武術を身につける。そして、平氏打倒を祈願する。

自分が何者であるのかを自覚する。何のために生まれてきたのかを知る。一人のそうした変革があれば、歴史も変わるはずだ。一人の変革があとに残った子どもらに変化をもたらし、時代を変えるパワーとなる。**義朝の子が残ったように**、ひとりの人間の情熱もまた生き残っていくのだ。

この例文のように、前半部分で「子どもが生き残る」というエピソードを述べておき、後半部分で同じように「子が残った」という言葉で受けるのです。前半と後半で同じような言葉を使うことで、ふたつの言葉が互いに共鳴します。

これが共鳴のテクニックです。オチをつけるときによく使いますので、何度も書いてみて体で覚えてください。

(3)疑問や呼びかけで終わるパターン

結論が見つからない場合、「果たしてこの問題を人類は解決できるのだろうか」とか、「誰か犠牲者に鎮魂歌《ちんこんか》をうたっていただけないだろうか」というふうに、疑問や呼びかけで文章の最後をしめくくるテクニックです。

これは簡単なテクニックですので説明は不要でしょう。最後のオチに困ったら、疑問文や呼びかけにするということです。このテクニックを使ってあなたも文章を書いてみてください。

(4)はぐらかすパターン

ユニークなオチの付け方に、「あ、時間がない、続きはまたあとで」とか「答えは1週間後、この時間でお会いしましょう」といったふうに、テレビ番組のエンディングのような終わり方もあります。

(5)視点を変えて落とす

男性と女性では視点がまったく違います。そうした視点の違いや、それまで誉めていたものを一転して貶《おとし》めるといった落差をつくって落とすテクニックです。

女はデートの前日、どの服を着ていこうかと何時間も悩む。

だが、男は、その服をどうやって脱がすかを考えて何時間も悩む。


電話のベルが鳴る。若い男からの電話である。

「もしもし、ＫＧＢですか？」

「たしかに、この番号はＫＧＢの本部でしたが、残念ながら昨夜の爆撃でＫＧＢ本部は崩壊しました」

しばらくして、また同じ男から電話がある。

「もしもし、ＫＧＢですか？」

「ですから、ＫＧＢの建物は昨夜なくなったのです」

その男は、何度も電話をかけてくる。思いあまって係員が怒り出す。

「いいかげんにしてください。何度も申し上げたでしょ！　ＫＧＢはもうないんです」

「すみません。でも何度聞いてもうれしくて」

▽5つの推敲《すいこう》テクニック――

(1) 文章の贅肉《ぜいにく》をそぎ落とす

同じような意味の言葉が重複していたり、あきらかに無駄と思える言葉が入った文章は読みづらいものです。自分の思いを表現するために必要な言葉をいっぱい並べたとしても、かえって伝えたいことが伝わらないことがあります。

次の文章を読んでください。

妻と結婚し、2年という月日が、光陰矢のごとしというように、あっという間に過ぎていった。

いかがでしょうか?

意味はわかります。しかし、重複した意味の言葉がいくつもあってわかりづらいですよね。たとえば、結婚したら妻になるわけですから、妻という言葉があれば、結婚という言葉はいらないはずです。「光陰矢のごとし」と「あっという間に」という言葉も重複しています。よくよく考えてみると、2年という月日が、早いか、遅いかは、受け手によって違います。だから、「光陰矢のごとし」も「あっという間に」も絶対に必要な言葉ではないということがわかります。

この文章のなかで、重要なことは、「妻」と「2年」という言葉だということが見えてきます。つまり、

――妻との2年

というすっきりとした短文に変えることができます。無駄な贅肉をそぎ落とした文章は、読んで気持ちのいいものです。しかも、限られた文字数の範囲内で文章を書く場合、重要な言葉だけを残してスリムな文章にする必要があります。文章を推敲するとき、贅肉をそぎ落とすということを考えてみてください。

(2)長文を短文にする

ときどき1文が長々と続く文章を見かけることがあります。ひとつの文章のなかに主語が2箇所出てくるものに出会うこともあります。

そのような文章は、いったい何が書いてあるのか不明になっていたり、読みづら

かったりします。
長い文章は、2つか3つに区切ってみるとすっきりとします。たとえば、次のような文章です。

男性は60歳をすぎると半数以上の方が夜中の頻尿や残尿感、放尿力の低下を訴えるようになり、80歳までには8~9割の男性が尿のトラブルに悩まされるとされており、こうした現象はおもに加齢によるものなので、年だからとあきらめたり、ひとりで悩んだりしている方も多いようです。

こんな長い文章だと、意味を理解するのに、時間がかかります。内容を理解するには、何度も読み返さなくてはなりません。たいていの読者は、そのようなことはしないで、読むこと自体をストップさせてしまいます。
だから、短文で書くことをまず覚えてください。先の文章を短文に切りわけるとこうなります。意味も明確になります。

男性は60歳をすぎると半数以上の方が夜中の頻尿や残尿感、放尿力の低下を訴えるようになります。80歳までの8〜9割の男性が尿のトラブルに悩まされているそうです。あなたはいかがですか？　年だからとあきらめ、ひとりで悩んでいませんか？

ところで、短文と長文はいくらの字数で区別するのでしょうか。その基準はありません。しかし自分なりの目安をもっておく必要はあります。僕は長くても60文字以内でひとつの文をおさめるように心がけています。僕自身がその範囲内の文ならば抵抗なく読めるからです。

〈短文で書くトレーニング〉

短文で書くトレーニングを、ぜひ実践してみてください。このトレーニングをすれば、贅肉のないスリムな文章が書けるようになります。贅肉の多い文章は読みづらいだけでなく、伝えたいことが何も伝わらなくなるのです。まさに悪文といえます。

長い文章になったなと思ったら、すぐに短文に切り分けるようにします。どんな文章でも短く切り分けることができます。そのトレーニングをやってみてください。

まず、すべての文を20文字以内で書く練習をしましょう。

ここでは「夢」をテーマにして書いてみます。まずはマインドマップで夢に関するネタを書き出してみてください。いろんなキーワードが出てきたら、夢について自分は何を伝えたいのか、文章の核となるものを見つけます。そして、キーワードに番号をふって書く順番を決めます。

書く準備ができたらいよいよ書きだします。くり返しますが、20文字以内の短文で書くことを意識してください。ためしに例文を書いてみましたので参考にしていただければ幸いです。

私には夢がある。いままで誰にも言ったことはない。今日は私の夢を話そう。

私の夢には短期、中期、長期とある。

長期の夢は3つだ。ハワイで暮らすこと。世界中を旅行すること。ベストセラー作家になることだ。

中期も3つある。起業すること。マンションを購入すること。結婚することだ。

短期は、夢というよりも計画である。夢を実現させるにはお金が必要だ。時間も必要である。それには、収入をアップさせること、時間を有効に使うこと、能力を身につけることを計画しなければならない。

そう考えると、夢とは計画でもある。計画とは、先を見ることだ。そのために準備をすることである。したがって、ここに1つの結論が導き出せる。

準備のできない人は、夢がもてないのだ。


いかがでしょうか。20文字以内で書くことは簡単そうで、案外むずかしいものです。20文字などすぐに越えてしまうからです。いままでどおりの書き方をしているとできません。

たとえば、上記の文章を普通に書くと「私の長期の夢はハワイで暮らすことと、世界中を旅行すること、ベストセラー作家になることの3つである」というふうに書くでしょう。これで48文字です。そこをあえて短文に分けて書きます。工夫すればどんな文章も短文に分けることができるのです。

このトレーニングをすると思考回路も変わります。ダラダラとものごとを考えていたのが、区分けして考えるようになります。主語、述語を明確にするようになりますし、結論を先に考えるようになるのです。

不思議なことですが、文章が変わると思考回路も変わります。ダラダラとした思考が、論理的な思考に変わるのです。

20文字以内の短文で書くトレーニングができるようになったら、短文と長文をおりまぜて書く練習をしてください。10文字以内の短文が2回続いたら、次は40文字以内の長文にする。40文字や50文字の長文が続いたら、10文字以内の短文を書いてみるというふうに長短をおりまぜてみます。

(3)段落の前にトピックセンテンスを

改行は多いほどいいと思います。改行が少ないと読みづらいものです。しかし意味もなく改行すると混乱を招くことになるので注意が必要です。

改行は、どういうときにするのでしょうか。それは段落の切れ目にします。段落とは内容的な文の集まりです。つまり、話題が変わったとき、あるいは同じ話題でも視点が変わったときに新しい段落がはじまります。

この段落を有効に活用する重要なテクニックがあります。それは「段落の先頭にトピックセンテンスをおく」ということです。トピックセンテンスとは、その段落の核となる文のことをいいます。つまり「段落の内容を要約する」「段落の内容の前置きをする（予告する）」「疑問を投げかける」ような文のことです。
それ以後の文は、トピックセンテンスをふくらませる形で展開します。くわしく説明したり、具体例を提示したり、理由や原因を指摘したりします。

(4) 適切な言葉を使う

あたりまえのことですが、文章を書くときには適切な言葉を選んでください。たとえば、こんな文章があります。

彼は逡巡しながら歩いていた。

「逡巡」とは「決断をためらうこと／ぐずぐずすること」という意味です。作者は目的地がわからず、迷いながら歩いていた彼の様子を描写したかったのでしょう。それならばそう書けばいいのです。

彼は道に迷った。

このほうがずっとわかりやすいと思いませんか。
ともあれ、むずかしい言葉を無理に使おうとすると、こういうことになるのです。
ですから、文章を書くことには大原則があります。それは「自分自身が理解していない言葉は使ってはいけない」ということです。書き手が理解していない言葉で読み手が理解できるわけがないのです。自分が理解していない言葉を使うのは、使い慣れていない包丁を振り回すようなもので、読者にあらぬ誤解を招き、傷つけることにもなるので要注意です。

(5) 文法ルールを守って推敲する

・同じ文末が続かないようにする

たとえば文章の最後の部分、つまり文末に「だった」が3回以上連続すると文章のリズムが台無しになります。

> 彼は東北の出身だった。冬には雪が積もる地方の人間だった。彼は三人兄弟の末っ子だった。小さいころから喧嘩好きで毎日のようにどこかで喧嘩するわんぱく坊主だった。

いかがですか？「だった」がこれほど続くと鼻につきませんか？　この文章は次のように改善できます。

彼は東北の出身である。冬には雪が積もる地方で育った。彼は三人兄弟の末っ子である。小さいころは喧嘩が好きで、毎日のようにどこかで喧嘩をしてくるようなわんぱく坊主だった。

「です」「ます」も同様です。同じ文末が続かないように言い回しを変える必要があります。

・ひらがなと漢字のバランスを考える

パソコンで書く人が増えたおかげで、文章に漢字が多くなりました。「其の時（そのとき）」とか「所謂（いわゆる）」といった言葉まで漢字にしてしまっている人がいます。読者は漢字が多いと読みづらく感じるものです。

以下の漢字は、なるべくひらがなにしたほうがいいでしょう。

「時」「事」「物」「諦める」「一番」「後ろ」「格好いい」「様」「様々」「既に」「全て」「確かに」「例えば」「出来る」「所」「中」「非常に」「間違い」「難しい」「最も」など、その他にも自分なりの基準をつくっておくといいでしょう。

・主語を必ず入れる

日常会話では、主語を抜かして話しても意思疎通が取れる場合が多いものです。しかし、文章に主語が入っていないと、意味が正しく伝わらないことがあります。極力、主語を入れるようにしてください。

× 交通事故を起こしたという連絡を受けた。
○ 部下のA君が交通事故を起こしたという連絡を私は受けた。
× これから会ってくれるように頼んだ。
○ これから会ってくれるように、私は彼女に頼んだ。

私という主語だけでなく、「誰が」の部分が抜けていると、読者を混乱させるばかりで意味不明の文章になってしまうことがありますので、気をつけてください。

・「!」や「?」の後には、1マス空ける

× 「早く来てくれ!いますぐにだ」
○ 「早く駅に来てくれ!　いますぐにだ」

ただし、台詞の「」の最後にきた場合は空ける必要はありません。

×「救急車を呼んできて、早く！」

○「救急車を呼んできて、早く！」

・二重表現は厳禁

「頭痛が痛い」「上に上がる」「下に下がる」「普段の平熱」「馬から落馬」「月夜の夜」などの文章が二重表現に当たります。

「上がる」というのは、上に行くことに決まっているので「上に上がる」という言い方はしませんよね。

落馬とは馬から落ちることを言うので「馬から落馬」という言い方もしません。

プロのライターでもついうっかり使ってしまうので、厳重注意が必要です。

×　たとえば、冬山の登山などが一例です。

○　たとえば冬の登山などです。

×　一緒に協力する。

○　協力する。

× まず、第1に。

〇 第1に。

× 補足説明を追加する。

〇 補足説明する。

× はっきりと、明記する。

〇 明記する。

× 最終結論。

〇 結論。

・段落の字下げ

段落（改行から改行までの一文）の文頭は、一文字空白を入れて書きます。当たり前のことですが、できていない人がいるので、明記しました。

× 竜馬にとってはじめて見る富士であった。竜馬は風のなかで目を細めている。

藤兵衛はにが笑いしている。この街道を何度も往来している藤兵衛にとって、この眺望はめずらしくもなんともなかった。

○　竜馬にとってはじめて見る富士であった。竜馬は風のなかで目を細めている。
□藤兵衛はにが笑いしている。この街道を何度も往来している藤兵衛にとって、この眺望はめずらしくもなんともなかった。

・三点リーダーとダーシ

三点リーダー（…）とダーシ（—）は二文字分を使って書きます。

×「まったく、なんてこった…」
　途方に暮れるオレ—高橋フミアキ46歳は大破した車を眺めた。

○「まったく、なんてこった……」
　途方に暮れるオレ——高橋フミアキ46歳は大破した車を眺めた。

・閉じカッコ直前に句読点を置かない

カッコが閉じられる前に句読点を置いてはいけません。

×「それなら、しかたないか。」
（後で、また来よう。）

○「それなら、しかたないか」
（後で、また来よう）

・「てにをは」の使い方

「てにをは」とは、助詞の古い呼び名です。

「は」「を」「が」「も」「へ」など、語句と他の語句との関係を示したり、陳述に一定の意味を加えたりする文字も「てにをは」と呼ばれます。

「てにをは」の使い方を誤ると、文章のつじつまが合わなくなるので注意してください。

× 彼は帰ってきたら、会議室へ来るように伝えてください。

○ 彼が帰ってきたら、会議室へ来るように伝えてください。

・同じ音は重ねない

「文学をする、音楽をする、芝居をする、写真をする、絵画をする、そういう人が増えれば世の中はもっとよくなる」

どうでしょう。「する」がこれほど続くと鼻についてきます。同じ言葉や音が連続すると読者は引っかかりを覚えるものです。

〈改善例〉

「文学をする、音楽を奏でる、芝居を演ずる、写真を撮る、絵を描く、そういう人が増えれば世の中はもっとよくなる」

× 高橋さんの私用の車を使用したい。

○ 高橋さんの車を使用したい。

× まだ試用期間中の新薬を使用する。

○ まだ試用期間中の新薬を服用する。

× 文章のなかで、近くで同音をくり返すのはやめましょう。

○ 文章を書くときは、近くで同音をくり返すのはやめましょう。

・「の」の連続をさける

「私の姉の好きな歌の曲名はクィーンの『ロック・ユー』です」

この文章では「の」が4回連続しています。2つまでにして3回以上はできるだけ避けるようにします。

〈改善例〉

姉の好きな曲はクィーンの『ロック・ユー』です。

・カッコの使い方

会話文には「 」を使います。ただし、それが書籍や曲のタイトルの場合は『 』を使います。さらに『 』は、この他にも会話のなかの引用会話に使います。


〈例〉

「生前父が口癖のように言っていたことは『みんな仲良うしぃや』です」


自分の本心を語るときや、語句に注釈を加えたいときは（ ）や〈 〉を使います。


〈例1〉

僕は上司に頭をさげた。

「どうもすみませんでした」

〈この野郎！　いつか殺してやる〉


〈例2〉

今日は奮発して松阪牛（グラム1200円もする肉）を買った。

▽推敲の基本――

推敲の基本は、書いたあとしばらく時間をおいて文章を読み直すことです。最低3回はくり返して音読することをおすすめします。

推敲時に注意すべき点を列挙しました。

・誤字・脱字をなおす。
・物語の流れに違和感が無いかを調べる。
・何度も同じ比喩、同じ語彙を使い回していないか注意する。
・体言止は効果的に使えているかチェックする。
・1つのセンテンスが無駄に長くなっていないか調べる。
・長くなっていたら、2つに分けられないか考える。
・代名詞が効果的に機能しているか調べる。
・句読点の打つ場所は適切かチェックする。
・「の」が連続して続いていないか注意する

・専門用語を使用している場合、うまく読者に説明できているか考える。
他にも注意すべき点はたくさんあります。まずは以上のことを留意して推敲する習慣を身につけてください。

〈コラム5〉未完成の法則

400字詰め原稿用紙100枚程度の文章を、僕は100回読み直したことがある。ドストエフスキーは「罪と罰」という長編小説を100回読み直したということを聞き、一度は経験しておかなければと思い実行した。いまでは、それが素晴らしい財産になっている。

10回目までは大きな書き直し箇所がいくつも見つかるが、20回目くらいになるとほとんど書き直し箇所はなくなる。だが、一度悩んだ箇所は何度も悩む。何度も書き直した結果、ばっさりと削除してしまうこともある。50回目を過ぎると、すでに2週間くらい経過していて、考え方にも変化があり、素晴らしい意見だと思っていたことがつまらない意見に思えてくる。

100回読み直してみて感じたことは、修正は延々と続くのだということである。100回読み直すと100回とも修正箇所が見つかった。おそらく1000回読み直すと1000回とも修正箇所が見つかるはずだ。1回たりとも、修正箇所がなかったという読み直しはなかった。

つまり、文章というものは、永遠に未完成なのである。永遠に完成しないとなると、いつ提出すればいいのか。それは締切日としか言いようがない。締切日があるから文章に終止符が打てるのだ。

しかし、なかなか終止符が打てない人と、簡単に打ってしまう人がいる。なかなか終止符が打てない理由の多くは、自分の考えがまとまらないからである。まとまったように思えても、すぐに違う考えが浮かんでくる。後から浮かんできた考えのほうがより高いものに思えるのだが、それでも世間のレベルからするとまだまだ稚拙な感じがする。ありきたりで斬新さが足りない気もする。それでなかなか核となるメッセージが決まらないのである。

いくら考えても文章の核がまとまらないと、いつの間にか考えることをあきらめてしまう。だから、そういう人はいつまでたっても終止符が打てない。

一方、簡単に終止符を打ってしまう人は、低いレベルで妥協してしまうのだ。

自分なりにまだ満足できていなくても、「まあ、いいや」という気持ちですぐに提出してしまう。その姿勢だといつまでたっても成長しない。

なかなか終止符が打てない人も、簡単に打ってしまう人も、その原因の根っこには「あきらめの心」が見え隠れしている。

永遠に完成しないものを完成させようとする行為は、答えのない問題を解くようなものだ。しかし、よくよく考えてもらいたい。人生には答えのない問題がなんと多いことかを。

結婚したほうがいいのか、それともしないほうがいいのか、正解は誰にもわかりはしない。離婚したほうがいいのかしないほうがいいのか、仕事は続けるべきか転職するべきか、夢はもつべきか、もたないほうがいいのか、正解などどこにもないのだ。だからといって考えることを放棄してはいけない。つねに考えて、考えて、考え抜かなければならない。あきらめてはならないのだ。

決して、決して、決してあきらめるな。どこまでも、どこまでも、考えることを止めてはならない。人生もまた永遠に未完成なのだから。

エピローグ

僕が文章を書くようになったわけ

僕は小さいころ、文章を書くことが大嫌いでした。読書も大嫌いで「本を読みなさい」と言われると、よけい読みたくなくなるような男の子でした。国語の授業はいつも居眠りばかりです。

ところが、小学5年の夏休みに宿題で読書感想文を書いたことから少しずつ変化していきました。その感想文は、兄が口頭で言ってくれたことを僕が書いて提出したのです。つまり、僕の感想文ではなく、兄の感想でした。兄は5歳も年上で優秀な高校に進学していましたので、小学生の感想文などはお手の物です。僕の読書感想文は、ぶっちぎりで優秀作品に選ばれました。先生もクラスメイトも、まさか僕の感想文が兄の手によるものだとは気づきません。

ちなみに、そのときの本はゲーテの『若きウェルテルの悩み』です。小学生にはちょっとむずかしい本でしたが、そんなことは関係ありません。僕の兄は批評家のような読書感想文を僕に書かせてくれたのです。

「高橋君の感想文、素晴らしかったわ」

と女の先生に頭をなでられたとき、なんともいえない幸福感を味わいました。

それから、僕は「文章っておもしろいなあ」と思うようになったのです。若い女の先生に頭をなでられたときの幸福感が僕を変えたのでしょう。

こんなことを書いたらみんなびっくりするだろうな、また誉められるかもしれないと、心をワクワクさせながら僕は文章を書きました。書くことがどんどん楽しくなるのです。

中学校で班日記というのがありました。班のメンバーが持ち回りで日記を書いて先生に提出するというものです。他のメンバーはわずか2行か3行で終わるのですが、僕だけは10ページも20ページも書きました。

班の女子から、

「これ面白い」とか、

「ここに書かれている高橋君のお父さんに一度会ってみたいわ」

「高橋君ってすごいのね」

などと言われると、ますます書くことが楽しくなっていきます。

そのころから、読書量も増えていきました。『家なき子』や『赤毛のアン』、『フランダースの犬』、『宝島』などを夢中で読みました。高校生になると芥川龍之介や太宰治、三島由紀夫などを読みました。僕と同郷の井伏鱒二も楽しく読みました。

高校2年生のときです。僕は不良仲間と学校をサボって遊んでいました。それが先生に見つかり謹慎処分を受けます。そこで、反省文を書かされたのです。僕は少し反抗的な内容の反省文を書きました。「自分は後悔していない、僕ら高校生には気晴らしが必要なのだ、なぜだか大人たちにわかるか、良い子になって、親の言いなりになり、自分のやりたいことが何なのかさえわからないような人間になるよりはましだ、失敗したっていい、僕はやりたいことをやる、そして、卒業するときに言ってやる、後悔なんかしてないよって」そんな生意気な作文でした。いま思えば恥ずかしいかぎりです。

しかしその作文が校長先生の目にとまり、

「高橋君の作文は素晴らしい！」

と絶賛されました。

本当なら叱られるはずなのに、僕は誉められたのです。しかも、その高校のトップに君臨している校長先生から両手で抱きかかえるようにして言われました。

さらに驚いたことには、その学期末の終了式で、

「この作文は、このなかの男子生徒が書いた作文です」

と、校長先生が全校生徒の前で僕の反省文を読み上げたのです。周囲の友人たちは僕の顔を覗き込みました。僕は恥ずかしいやら、ちょっと誇らしいやら、照れ笑いで答えます。

その後、校長先生は廊下で僕を見つけてこう言うのです。いまでも忘れられません。

「君の作文はよかった。私の文集に入れておくからね。君はこういう方面にすすんだらどうだね」

広島の田舎の高校ですから、ライターという職業があることすら知らなかった僕は、

「こういう方面って、どういう方面ですか」

と聞き返してしまいました。

すると校長先生は満面の笑みを浮かべて、

「物を書くということを職業にしたらいい。君ならなれる！」

それから僕は大学を卒業し、東京で暮らすようになります。15年後、僕はライターになりました。そしていま、本を何冊か出版することができ、作家になったのです。

言葉という道具をどう使うか！

言葉は道具です。あくまでも道具なのです。戦争を起こす権力者や革命家にとって言葉は、人々をコントロールするための武器になります。企業家にとって言葉は、お金を儲けるための営業マンや広告のようなものです。

権力者や偉人やお金持ちは言葉を巧みに操ります。言葉を上手に操る人が世界を制するといっても過言ではありません。

言葉は忠実です。言葉はそれを使う人のために全力で働きます。それが悪意に満ちたものであったとしても、人を傷つけるものであったとしても、言葉は書き手の言うとおりに働き、その効力を発揮します。

そこが僕には耐えられないのです。言葉たちがかわいそうです。人を騙すような言葉が社会にあふれるとどうなるでしょうか。悪意に満ちた言葉が世の中に充満すると子どもたちの将来はどうなるのでしょうか。そんな時代にそろそろストップをかけなければいけません。

愛と喜びと感謝に満ちた言葉を僕は発していきたいのです。これまで僕は、こんなことを言うと、あやしい奴だと思われるのではないかと恐れてしまい、何も行動を起こさずにいました。しかし、こんな僕にも何かできることがあるはずだと決意し、少しずつですが声を発しています。

僕は広島県で育ちました。8月6日の「原爆の日」は夏休みですが登校日なのです。映画『はだしのゲン』を観たり、先生から平和に関するお話を聞いたりしました。僕の田舎は福山市加茂町です。小説『黒い雨』の作者井伏鱒二の故郷でもあります。井伏は『黒い雨』で原爆の悲惨さを見事に描きました。

僕の父は若いころ、戦争へ行きました。中国大陸で数々の戦闘を経験しています。83歳で他界した父の口癖は「みんな仲ようしぃや」です。大した教育を受けていない父は、むずかしい漢字が読めませんでした。本を読むこともありませんし、文章を書くこともありません。しかし、僕にしっかりと平和の心を教えてくれました。

それは、この言葉です。

「仲ようしぃや」

この言葉は父の口癖ですが、僕もこの言葉を口癖にしています。

この言葉は平和を意味しています。両親や兄弟、友人、隣人、地域の人々と仲良くするには、外の敵と戦っていてはいけません。内なる敵と戦う必要があります。自分のなかの憎しみや嫉妬や怒りをコントロールしなければいけませんし、欲望や誘惑とも戦わなければいけないのです。

父が残してくれたこの言葉を僕は全世界に発信していきます。もしかすると、これが僕の使命かもしれません。父と僕と親子2代にわたって続く事業だと思います。

「仲ようしぃや」

この言葉を世界へ発信するために、今日も僕は文章を書いています。

高橋フミアキ

一瞬で心をつかむ「できる人」の文章術

2007年11月28日　第1刷発行
2007年12月25日　第2刷発行

著　者———高橋フミアキ

発行人———杉山　隆

発行所———株式会社コスモトゥーワン
〒171-0021　東京都豊島区西池袋2-39-6-8F
☎03（3988）3911
FAX03（3988）7062
URL http://www.cos21.com/

印刷・製本——中央精版印刷株式会社

落丁本・乱丁本は本社でお取替えいたします

定価はカバーに表示してあります。

ISBN978-4-87795-127-6 C0030